Lorenz Jäger

Hauptsachen

Gedanken und Einsichten über
den Glauben und die Kirche

mit einem Vorwort von
Martin Mosebach

1. Auflage 2010
© fe-medienverlags GmbH
Hauptstr. 22, D-88353 Kißlegg
Umschlaggestaltung: Manuel Kimmerle
Foto (Cover): dpa
Foto (Rückseite): Wonge Bergmann
Druck: Pustet, Regensburg
ISBN 978-3-939684-92-3
Printed in Germany

Für Brigitte Schermuly
und Elisabeth Åkerhielm

Inhalt

III. Praktiken: Die Heilige Überlieferung

IV. Blick nach Osten

V. Anpassung und Untergang

VI. In der Krise angekommen

VII. Bitte um eine Ecclesia militans

VIII. Politisierungen

IX. Im Feuer der Heiligen

Frech und frei
von Martin Mosebach

„Exerzitien" heißt eine Glosse der Frankfurter Allgemeinen Sonntagszeitung, ein überraschender Titel, denn das Ergebnis einer unter geistlicher Anleitung vorgenommenen Gewissenserforschung pflegt man nicht in großer Öffentlichkeit auszubreiten, jedenfalls nicht als Katholik, der gewohnt ist, öffentlichen Beichten zu mißtrauen. Eine Weile waren denn diese „Exerzitien" auch nichts weiter als kleine Stücke zu kirchlichen Themen, ein freundlich-verbindliches „Wort zum Sonntag", das, etwas verschämt, dem Erscheinungstag des Blattes Rechnung tragen sollte. Aber dann änderte sich unversehens der Ton dieser Glossen; freundlich-verbindlich war nun nur noch ihre Sprache – das freilich immer –, aber was da mitunter ausgesprochen wurde, ließ die Leser, die gewohnt waren, dass katholische Journalisten folgsame Pressesprecher der deutschen Bischofskonferenz sind, erstaunen. Wer war denn das, der sich so unerhört kenntnisreich, aber zugleich so frech und frei über die Situation der Kirche, über die Auslegung des Wortes, über die Kultur des Christentums und über die „Realitätsverfinsterung" äußerte, wie der Philosoph Erich Voegelin den großen Komplex des europäischen Denkens nach 1789 genannt hat?

Lorenz Jäger hat einen weiten Weg zurück gelegt, bevor er ein regelmäßiger Beiträger der „Exerzitien" werden konnte. Er stammt aus protestantischem Elternhaus, seine Mutter Maria Jäger-Jung war eine bedeutende Musikwissenschaftlerin, die es aber nicht verschmähte, sonntags im Gemeindegottesdienst die Orgel zu spielen. Aber die Zeit, in der Jäger ein richtiger Protestant war, muss kurz gewesen sein. In seinen Studentenjahren war er ein radikaler Linker, über seine Freundschaft mit Andreas Baader hat er freimütig und als Historiograph seiner selbst berichtet. Wann er sich der katholischen Kirche öffnete? Einen genauen Zeitpunkt dafür auszumachen würde ihm selbst wohl schwerfallen. Sein Interesse gilt seit jeher einem morphologischen Blickwinkel auf die Psychologie; von daher käme ihm die Entwicklung vom Revolutionär zum traditionstreuen Katholiken wohl kaum als Umweg oder Abweg vor, sondern als durchaus konsequent. Feind war ihm von Anfang an die bürgerliche Strategie der Verharmlosung des Lebens, das liberalistische Zutrauen, dass aus dem Verfolg des Eigennutzes zuverlässig Gutes für die Welt entstehen werde. Was war im bürgerlichen Zusammenhang schon gut? Doch immer nur das Nützliche, in den verschiedensten Momenten also immer etwas anderes. Es gehört zu Jägers Denkungsart, die Wanderung von Ideen durch die einzelnen Stadien immer neuer Gestalten zu untersuchen – da war es eigentlich kein Wunder, dass er eines Tages nach seiner Abkehr vom Marxismus, dem angehangen zu haben er heute noch nicht als reinen Irrtum bezeichnen würde, in der katholischen Kirche dies Widerstandspotential gegen die liberale Zivilisation entdecken würde. Es mag den Leser seiner „Exerzitien" wundern, aber Jäger hat noch keineswegs Auskunft darüber gegeben, wie weit seine Annäherung zur Kirche eigentlich gediehen ist. Vielleicht vermögen gerade deshalb seine Betrachtungen zu faszinieren. „Nulla salus extra ecclesia" hat das junge Christentum formuliert, zu recht, denn Christus, das Haupt der Kirche, ist der einzige Spender allen Heils. Etwas tiefer gehängt scheint in unseren Tagen aber auch eine Modifikation dieser Devise denkbar zu sein. Welches Übermaß an Heillosigkeit, williger Unterwerfung unter die agnostische Zivilgesellschaft haben wir nach dem II. Vatikanischen Konzil aus den Mündern der sichtbaren Kirche, von Bischöfen und Theologen hören müssen, welche Aushöhlung der Kirche und ihrer Botschaft haben ihre Amtsträger in den letzten vierzig Jahren geleistet, bis nur noch die dürre Rinde dastand und der saftige Stamm darunter weggefault war. Da wirkt eine Stimme von außerhalb des verbliebenen katholischen Betriebs geradezu reinigend und befreiend. Ja, wenn „extra ecclesia" außerhalb unserer katholischen Akademien, außerhalb unserer katholischen Seminare und Fakultäten, außerhalb ängstlicher und beflissener Hirtenworte und fatal anbiedernder Predigten heißen soll, dann wäre das Heil tatsächlich nur noch außerhalb der Kirche zu erwarten.

Ernst Jünger hat einmal bemerkt, zu den Verlusten unserer Zeit gehöre es, dass man sich nicht mehr angemessen über das Heilige ausdrücken könne: die Gegenwart erlaube entweder nur einen „Sakristeienton" oder zynisch-ironische Distanz. Was hätte er gesagt, wenn er Jägers „Exerzitien" gelesen hätte? Offensichtlich haben wir es hier ja mit keiner der beiden von Jünger genannten Stillagen zu tun. Jägers Stil kommt aus seinem Charakter. Höflichkeit ist das erste Abzeichen dieses Schreibens, eine zartfühlende Neugier, die das entdeckte Neue nicht verletzen möchte, das Rechnen mit der Intelligenz seiner Leser, die immer nur bis zu einem bestimmten Punkt geführt werden müssen, weil sie sich den Rest selber denken können, überhaupt eine Abneigung dagegen, alles auszusprechen – seine Argumentation geht immer nur bis zur Grenze der Geheimnisse, niemals darüber hinaus; was wären das auch für Geheimnisse, deren Grenzen sich verletzen ließen?

Bei alldem haben die „Exerzitien" auch etwas Spielerisches, ein stets mitzuhörendes „A propos…" Goethe beschreibt einmal „Orakelfragen an irgend ein bedeutendes Buch, zwischen dessen Blättern man eine Nadel versenkt, und die dadurch bezeichnete Stelle beim Aufschlagen gläubig beachtet. Wir waren früher mit Personen genau verbunden, welche sich auf diese Weise bei der Bibel, dem Schatzkästlein und ähnlichen Erbauungswerken zutraulich Rats erholten, und mehrmals in den größten Nöten Trost, ja Bestärkung fürs ganze Leben gewannen." Bibelstechen nannte man diesen Brauch, und ein Bibelstechen ist es auch, das Lorenz Jäger an drei Sonntagen im Monat in seiner Zeitung veranstaltet. Ein Schriftwort fällt ihm zu und stößt eine kleine Gedankenkette an, aber ebenso kann es ein Ereignis, eine Nachricht sein, deren Erwägung schließlich in einem Schriftwort endet. Wer die Sammlung durchblättert, wird staunen, welche Überfülle an Anregungen und Motiven auf jeweils so wenigen Zeilen zu versammeln gelungen ist. Der merkurische Geist Lorenz Jäger sorgt dabei stets dafür, dass bei allem gebotenen Ernst das Vergnügen, sogar das Amüsement nicht zukurzkommen. Und vielleicht wird sich der eine oder andere Leser ermutigt fühlen, nach Lektüre dieses kleinen Bandes selber die dicken Bände aufzuschlagen, deren Essenz die knappen Stücke Jägers so verlockend durchzieht.

Kapitel I

Schwelle

Engelschöre, Sphärenklänge

Ich zögere, die Geschichte aufzuschreiben. Der, von dem sie handelt, lebt nicht mehr, und gegen meine Ausdeutung kann er keinen Einspruch mehr erheben. Zudem: Er war ein Kollege aus der Zeitung. Vor knapp zwei Jahren starb Andreas Obst bei einem Tauchunfall vor der Küste von Mauritius.

Nicht, dass ich mit ihm je über metaphysische oder gar religiöse Fragen gesprochen hätte; auch weiß ich von seinem Bekenntnis rein gar nichts, nicht einmal, ob er mit dem Wort überhaupt viel hätte verbinden können. Und doch lese ich in dem letzten Artikel, den er für unsere Zeitung schrieb und der dann kurz nach seinem Tod erschien, eine Botschaft, ein Zeugnis, das für mich umso schwerer wiegt, als es vermutlich gar nicht mit einer Absicht verbunden war. Andreas Obst schrieb Reisefeuilletons, aber auch zahlreiche Musikkritiken aus dem Bereich des Pop.

Sein letztes Wort, wenn man das so sagen darf, galt dem Album „Music of the Spheres" von Mike Oldfield, also der Idee der Sphärenmusik, eines kosmischen Klanges. Das ist ein altehrwürdiger Gedanke, der auf Pythagoras zurückreicht und den der Astronom Johannes Kepler ein letztes Mal in der Wissenschaft erneuerte. Für die Musiker aber blieb er ein Reiz, Gustav Holst schrieb noch im vergangenen Jahrhundert eine Symphonie über die Planetensphären. Daran knüpfte nun Oldfield an. Begleiten ließ er sich von dem Pianisten Lang Lang und einem großen Orchester. Andreas Obst zollte in seiner Kritik dem Unternehmen seinen Respekt, war aber von dem Ergebnis nicht wirklich überzeugt. Und nun, im Zusammenhang dieser kosmischen Musik, fällt bei Obst ein Wort, von dem ich nicht absehen kann. Es übersteigt die planetarischen Sphären. Denn er, ein Mensch des Ohres, hörte nun auch „die jubilierenden Engelschöre". So ein Wort macht sich geltend und wirkt fort, auch wenn Obst im konkreten Fall wohl nicht ganz von der Platte überzeugt war. Vielleicht auch deshalb, weil er empfand, dass das Orchester – jedes Orchester – hinter den wirklichen Engelschören doch um mindestens eine ganze Dimension zurückbleiben musste.

Ich habe weniges erlebt oder gelesen, was mir in solchem Maße Trost gegeben hätte wie dieses wohl unbewusst und absichtslos, wenige Tage vor dem frühen Tod niedergeschriebene Wort über die Chöre der Engel. Fast könnte ich sagen: Es ist einer der wenigen Gottesbeweise, die mich überzeugt haben. Irgendetwas aus dieser Gegend muss Andreas Obst für einen Moment „in extremis" einen Vorschein oder Vorklang dessen mitgeteilt haben, worauf wir hoffen. Und plötzlich war alles gegenwärtig, was in der Spätantike über die Chöre der Engel, neun an der Zahl, von dem großen Theologen Dionysius Areopagita ausgeführt worden war. Keine lebensferne ausgedachte Dogmatik, sondern etwas, das sich näher herandrängte.

Grenze und Überschreitung

Die göttliche Strafe war hart. Niobe, die Gattin des thebanischen Königs, verweigert der Latona das Weihrauchopfer. Denn die Titanin habe nur zwei Kinder geboren; sie dagegen, die Königin, sieben Söhne und sieben Töchter – ihr also gebühre der Weihrauchdienst. So etwas kann nicht gut ausgehen. Apollon und Artemis, die Kinder der Latona, erlegen sämtliche Niobe-Kinder an einem Tag mit ihren Pfeilen. Und Niobe selbst, erstarrt vor Schmerz, wird in Stein verwandelt, aber sie muss weiter, in alle Ewigkeit trauern und Tränen vergießen.

Solcher Frevel war Familienerbe. Schon Tantalus, der Vater der Niobe, war zur Tafel der Götter geladen worden und hatte nichts Eiligeres zu tun, als Nektar und Ambrosia vom Tisch zu stehlen. Dann will er das Wissen der Götter mit einer Greueltat auf die Probe stellen: Er tötet seinen Sohn Pelops und setzt ihn den Olympiern zum Mahl vor. Bestraft wird er mit den sprichwörtlichen Tantalusqualen: In der Unterwelt steht er in einem Teich, der immer dann zurückweicht, wenn er aus ihm trinken will. Über ihm hängt ein Felsbrocken, der jederzeit niederstürzen kann. Zwischen den Bereich der Menschen und die göttliche Sphäre ist schon im heidnischen Mythos eine Grenze gesetzt, deren Überschreitung die schlimmsten Folgen nach sich zieht. Man sollte diese Sagen nicht nur moralisch lesen. Was in ihnen aufgerichtet wird, ist die religionspolitische Sperre gegen den Wahnsinn, der bei jeder noch so minimalen Auflösung dieser ersten und entscheidenden Grenze unweigerlich einsetzen müsste, und mehr noch: Die Verletzung dieser Schranke ist schon der Wahn.

Wenn die Menschen in die Geschichte eintreten wollen, müssen sie von solchem Frevel lassen. Auch das Alte Testament spricht deshalb von den Versuchen der Überschreitung – an dieser Stelle auch gar nicht so anders als der Mythos. Im 6. Kapitel der Schöpfungsgeschichte wird die Sintflut mit einer ähnlichen Vermischungserzählung eingeleitet: „Als die Menschen anfingen, sich auf der Erde zu vermehren und ihnen Töchter geboren wurden, sahen die Gottessöhne, dass die Menschentöchter zu ihnen passten, und sie nahmen sich Frauen aus allen, die ihnen gefielen . . . Damals lebten die Riesen auf der Erde und auch später noch, als die Gottessöhne mit den Menschentöchtern verkehrten und diese ihnen Kinder gebaren, jene berühmten Helden der Vorzeit."

Man muss über diese Sagen-Gottessöhne, die danach nie wieder auftauchen, nicht weiter spekulieren. Entscheidend ist hier nur, dass Gott der Herr in diesem Moment die wachsende Bosheit der Menschen erkennt und die Flut beschließt. Die Grenzüberschreitung zwischen dem Göttlichen und dem Menschlichen, der objektive Wahn der Usurpation, durfte nicht zur Regel werden. Das ist die erste und vermutlich auch universelle Theologie.

Gottfern nach Noten

Was ist das eigentlich, ein Agnostiker? Meist wird der Begriff ja unscharf verwendet: als Höflichkeitsformel, so, als sei „Atheist" in der öffentlichen Rede nun doch zu shocking. Dann bezeichnet er zum Beispiel den harten französischen Laizisten, zielt damit aber leicht vorbei. Ein anderes Mal, schon angemessener, ist der religiös unmusikalische Mensch gemeint. Oder einer, der vor einem definitiven Bekenntnis zurückscheut.

Tatsächlich kam das Wort im England des neunzehnten Jahrhunderts unter Naturwissenschaftlern auf. Noch war der gesellschaftliche Druck so stark, dass man nicht unbedingt als „Gottesleugner" gelten wollte und sich auf eine Vertagung der Verhandlung herausredete. Aber es gibt auch den anderen Fall, den echten Suchenden, der offen eingesteht, noch nicht gefunden zu haben, aber die Brücken zur Religion hinter sich nicht verbrennen will. Das dürfte heute der Fall der meisten Denkenden sein: Der Zweifel selbst soll nicht unbezweifelt bleiben. Wenn es für diese Haltung ein Beispiel gibt, dann ist es die vor einigen Wochen verstorbene Dichterin Christa Reinig. Frech und unbefangen war sie immer, sie wollte sich nichts vormachen lassen. Und so studierte sie die Philosophen, Schopenhauer und Spinoza. Sie umspielte das Geheimnis, sie verleugnete es nicht. In ihrem letzten Buch „Das Gelbe vom Himmel" erklärte sie scherzend den Titel: Es könne sich ja um einen fromm gewordenen FDP-Liberalen handeln. Ernste Scherze sind oft das Stilmittel des echten Agnostikers. Christa Reinig also stellte die Frage, ob es denn Musik ohne jede Religion geben könne – und sie vermutete, selbst Schopenhauer würde diese nicht gefallen haben. Schopenhauer, der ein grimmiger Agnostiker war, weil er sich zutraute, die gesamte Menschheitsoffenbarung notfalls als Philosoph allein schultern zu können, schätzte doch die Messen- und Requiemkompositionen über alles. Merkwürdig ist es doch, dass gerade bei der Musik noch der Glaubensloseste nachdenklich wird. Robert Musil, der an sehr wenig glauben wollte, schrieb einmal, der Mensch müsse nur die Saite eines Instruments streichen, um sich Gott näher zu fühlen.

Sicher gibt es eine gott- und glaubenslose Musik. Dmitri Schostakowitsch ist das hervorragendste Beispiel. Sein Kalender kennt kein Kirchenjahr, nur die politischen Daten seiner Heimat, die Revolution, den Krieg. Wo seine Musik innig wird, ist er depressiv, wo er begeistert, ist er manisch. Man müsste schon eine negative Theologie der Abwesenheit Gottes bemühen, um in seinem Werk noch einen religiösen Funken zu spüren. Verbraucht sind aber auch die Versuche neureligiöser Komposition. Vielleicht stand deshalb die CD der Zisterzienser „Chant – Music for Paradise" überall auf den Hitlisten: Gregorianik ist nicht autonome Kunst, sondern allein und nur der Gesang der Kirche. Ihn scheinen die religiös bisher Unmusikalischen am meisten zu schätzen.

Gott, Mensch und Welt

Eines der philosophischen Bücher, die mir im Studium den Weg wiesen, war Karl Löwiths knappe Abhandlung „Gott, Mensch und Welt in der Metaphysik von Descartes bis zu Nietzsche". Die Dreiheit in der Fragestellung scheint mir auch heute ein wunderbarer Schlüssel zu den Grundlagen des Denkens. In der Frage nach dem Verhältnis von Gott, Mensch und Welt sind, zugespitzt gesagt, die wesentlichen Fragen beschlossen, und zwar genau jene, die keine Einzelwissenschaft je beantworten kann und die deshalb die Würde der Philosophie begründen.

Aber die neuzeitliche Begrenzung, die Löwith seiner Darstellung gab, kann nicht das letzte Wort bleiben. „Mensch" ist ein Singular, den ich gleich auflösen möchte in Mensch und Menschin, Mann und Frau. Sofort stellt sich die Frage nach ihrer Verbindung, nach dem, was katholische und orthodoxe Kirche das Sakrament der Ehe nennen. Mit Mann und Frau ist die Fortpflanzung ebenso angesprochen wie die Bedeutung der Ahnen, die ja nicht nur in animistischen Kulten eine Rolle spielen, sondern ebenso in den Genealogien und Stammtafeln des Alten, ja noch des Neuen Testaments. „Welt" kann etwas Nahes sein, die werktätige Auseinandersetzung mit der Natur bedeuten, also Arbeit; die Welt ist aber in ihrer Nähe auch Heimat und wirkt als „Stimmung" in die Bestimmung des Menschen hinein. Ihr fernster Horizont ist der Kosmos, der gestirnte Himmel mit seinen Bildern des – nach irdischen Maßstäben – „Ewigen" und seinen geordneten Bahnen.

Und dann Gott, der nach dem Glauben der Bibel Mensch und Welt segnet. Man kann natürlich einen neuzeitlichen Minimalismus annehmen, dann bleibt von Mensch und Welt nur die Arbeit, ein marxistisch oder anders begründeter Anthropozentrismus und Materialismus, eine einsame Autonomie; und der Kosmos gäbe keine Winke mehr wie für die antike Menschheit. Von Gott bliebe dann nur die Erinnerung an ein vergangenes Weltalter – aber die drei Momente hätten, nach dieser Lehre, ihre gegenseitige Mitteilung abgeschaltet.

Dieser Minimalismus ist eine späte Abstraktion. Kein Mensch kann in dieser fiktiven kommunikationslosen Welt leben, jedenfalls nicht dann, wenn er sich in der Frage „Wer bin ich?" seiner selbst vergewissern will. Kein Mensch kann, da ihm der aufrechte Gang und damit der freie Blick nach oben mitgegeben sind, den gestirnten

Himmel betrachten, ohne zumindest ein vages Gefühl des Feierlichen und Erhabenen zu empfinden. Heimat wird ihm zeitlebens ein Wort sein, mit dem er zwingend, und nicht aus leerer Sentimentalität, eine Lebensbedeutung verbindet. Und Gott? Auch hier gilt, dass der Mensch um die Frage nicht herumkommt, was vom Heiligen als Segen in sein Leben hineinstrahlt. In ihrer völligen gegenseitigen Mitteilung gedacht, wären Gott, Mensch und Welt im paradiesischen Stand. Deshalb müssen wir die Sünde als vierten Grundbegriff in Löwiths Titel aufnehmen.

Wie der erste Altar aussah

Der Wirtschaftsliberalismus, selbst in seiner durchdachtesten Form, scheitert oft an einem grundlegenden Tatbestand der menschlichen Existenz: am Opfer. Liberal ist es, sich den Menschen als Eigentümer vorzustellen und daraus alles Weitere im Sinne der vernünftigen Selbsterhaltung des Einzelnen abzuleiten. Aber der erste Eigentümer, wenn wir uns der beliebten theoretischen Fiktion bedienen wollen, war zugleich der erste Opfernde, und der erste Altar war ein Stein, blutig von den ausgesuchtesten geschlachteten Tieren und mit den sichtbaren Spuren des Weins oder der anderen kostbaren Dinge, die man darauf hingab. Im Opfer, in der Gabe, kommuniziert der Mensch mit dem Heiligen. Natürlich nicht ohne streng geformte heilige Gesänge und Riten und nie ohne wohlriechenden Rauch. So ist das erste Opfer auch das erste Fest. Das Gesetz des Festes besagt: Jetzt, dieses eine Mal, darf nicht gespart und nicht gerechnet werden. Opfer und Freude, die den Alltag hinter sich lässt, lassen sich nicht voneinander trennen.

Dem entspricht eine moralische Intuition: Wer zu opfern weiß, den schätzen wir höher als den Menschen der bloßen Selbsterhaltung. Merkwürdig aber ist es, dass dieser Sinn des Wortes der öffentlichen Rede fast entschwunden ist. Vom Opfer spricht man zumeist, wenn Unschuldige unter Gewaltregimen passiv zu leiden hatten, wenn sie ohne oder gegen ihren eigenen Willen verletzt oder getötet wurden. Der symmetrische Gegenbegriff ist dann „Täter". Das bewusst und in völliger Freiheit erbrachte Opfer dagegen hat es schwer, sich überhaupt verständlich zu machen, obwohl es am Beginn von Kultus und Kultur steht. Selbst die Kirchen haben ihre liebe Not, sich die Kreuzigung Christi noch in der archaischen Sprache des Opfers zu vergegenwärtigen. Aber gerade das Opfer ist es doch, das die christliche Religion mit dem verbindet, was man „das Religiöse" schlechthin nennen möchte. Dabei ist das Leben des Christen ohne das stete Opfer nicht zu denken. „Und vergib uns unsere Schuld, wie auch wir vergeben unsern Schuldigern": Dies ist das Opfer, ins Innere der Seele verlegt; die Vergebung ist eine Gestalt der Gabe.

Die Gleichnisse Christi, so vielgestaltig sie in ihrer Botschaft auch sein mögen, entnehmen doch überraschend häufig ihre Geschichten dem konkreten Wirtschaftsleben. Einmal, um ein Bild für die Fruchtbarkeit jenes Glaubens zu haben, der gleichsam Zinsen trägt, oder um die Verschleuderung des anvertrauten Gutes als Bild des Unglaubens; ein anderes Mal, indem sie den Doppelklang von materieller Verschuldung oder Schuldennachlass und geistlicher Schuld und Vergebung nicht scheuen.

Dass Judas die Botschaft nicht verstanden hat, zeigt sich schon in dem Augenblick, da er es tadelt, dass Maria mit einem Pfund kostbaren Nardenöls die Füße Christi salbte. So viel Geld hätte man doch vernünftiger ausgeben können! Ja, so wäre es vernünftiger gewesen, ohne Opfer und ohne Fest.

Glaube und Bekenntnis

Das Kind fragt, was man eigentlich glaube. Man kann in diesem Moment nicht mit dem Apostolischen Bekenntnis antworten. Denn das hat schon eine so strukturierte, rationale Form, dass man es nur sprechen kann als Resultat einer Klärung; es wird nicht am Anfang stehen. Was also ist es, das als Motiv dem Bekenntnis erst sein Feuer gibt? Die, die fragt, will ja Gründe wissen und erfahren, was „wirklich" dahintersteckt. Vielleicht einfach die Gewissheit, dass mehr mit uns gemeint ist.

Auslöser kann vieles sein, wie schon das Neue Testament berichtet. Die einen erfahren es von den Engeln, andere sehen einen Stern, wieder andere erschließen es aus den heiligen Schriften, die Jünger und die Sünder aus der persönlichen Begegnung mit Christus; Paulus schließlich erlebt eine Vision.

„Erst wird man bekehrt, dann liest man die Kirchenväter." Der Aphorismus von Albert Camus weist auf das Problem mit dem Glauben und Bekennen. Das Apostolische Glaubensbekenntnis ist allen christlichen Konfessionen gemeinsam, Katholiken, Orthodoxen, Anglikanern und Evangelischen. Allerdings mit Auslegungsunterschieden vor allem in der Frage, was eine Kirche ausmacht. Und das sprachlich reichere Nizänische Bekenntnis nennt den Vater nicht nur den Schöpfer des Himmels und der Erde, sondern auch „alles Sichtbaren und Unsichtbaren" – gemeint sind die Engel. Hier steht manche heute selten gehörte Schönheit, wenn es etwa von Christus heißt, er sei „Licht vom Licht, wahrer Gott vom wahren Gott."

Aber wie kommt der Mensch, das Kind, von dem vagen Bekenntnis, dass mehr mit uns gemeint sei, zur klaren Formulierung? Denn es soll doch am Ende nichts Schwankendes glauben, sondern ein Festes. Bastelreligionen mögen für manche lebensgeschichtliche Übergangsphase unvermeidlich sein, aber irgendwann begehrt auch der postmodernste Mensch einmal Schwarzbrot und nicht nur die dünnen, vielleicht gar moralisierenden Suppen der Zivilreligion.

Überall auf der Welt haben die Menschen Götter. Aber nur im Christentum kommen die beiden Momente sich nahe, so nah, dass Gott alles Menschliche in einem kaum fassbaren Maß auf sich nimmt. Es hat deshalb nie an Denkern gefehlt, die im Christentum nicht nur eine Religion neben den anderen sehen wollten, sondern es als Erfüllung all dessen erkannten, was die Religion als solche einmal wollte. Das Religiöse selbst kommt, nach dieser Lehre, im Christlichen eigentlich nach Hause. So ist man doch wieder beim Apostolischen Bekenntnis, das ja am Ende nichts anderes ausspricht als ebendies: dass mehr mit uns gemeint ist und dass dieses „Mehr" einmal Gestalt angenommen hat.

Umwege zur Schrift

Das Mädchen, damals ungefähr zehn Jahre alt, wollte von der Bibel so gar nichts mehr wissen. Man versuchte es in größeren Abständen wieder, oder man nahm bunt und schlicht bebilderte Heiligenlegenden für Kinder zur Hand. Ziemlich lustlos und mehr aus Gehorsam folgte sie auch diesen Geschichten. Und dann eines Tages der Umschlag in die absolute Faszination: Dem Mädchen fällt die billige Nachdruck-Ausgabe der alten Bibel-Illustrationen von Gustave Doré in die Hand.

Die ist nun alles andere als kindgerecht nach heutigen pädagogischen Maßstäben, Doré zeigt eine düsterschauerliche Sintflut und eine furchtbare Szene bei der Aussendung der Taube, nachdem die Arche festen Grund gefasst hat. Immer wieder musste nun das Buch hervorgeholt werden, nach den Geschichten dazu wurde geradezu verlangt. Vielleicht spielte ja ein bisschen der Reiz des Verbotenen und Verfrühten mit, des noch nicht pädagogisch Zubereiteten.

Kinder, so könnte man sagen, ertragen an religiöser Unterweisung sehr viel, nur nicht, wenn sie einigermaßen helle sind, eine übermäßig fürsorgliche Glaubensdidaktik. Man hat Allerkleinste erlebt, die gerade sprechen können und ausgerechnet an der Monotonie der biblischen Geschlechterketten bei Matthäus dem Rauschen der Sprache mit Begeisterung folgten: „Abraham zeugte Isaak, Isaak zeugte Jakob, Jakob zeugte Juda und seine Brüder, Juda zeugte Pharez und Sara von der Tamar . . .“ Die schier endlose, formelhafte Rede wurde eins mit dem Wiegen auf dem Schoß.

Benedikt XVI. hat afrikanische Kirchenführer im Vatikan begrüßt. Die Menschheit, so erklärte der Papst in seiner Eröffnungsansprache, sei auf die geistigen Schätze dieses Kontinents angewiesen; Afrika nannte er dabei die „spirituelle Lunge" der Welt. Das leuchtet vor allem dann ein, wenn man einmal nicht auf die Konfessionen schaut, sondern auf die gelebte Praxis. Da kommt wieder in den Sinn, was wir einmal über die Glaubenserziehung in Kamerun gehört haben. Dort lernen die Kinder ganze Passagen der Bibel auswendig; nicht nur einzelne Verse. Und keineswegs nur die ihrem Verständnis fasslichen, fast scheint sogar die gegenteilige Maxime zu gelten: Je fremder, umso besser und wirksamer.

Bei einer großen Feier wird dann in festlicher Kleidung rezitiert, und so kann es kommen, dass eine Vierzehnjährige Teile der Apokalypse des Johannes aufsagt – allein die Vorstellung dieses äußersten Kontrastes ist bewegend. Mag es immer sein, dass „intellektuelles" Verständnis des Gehalts hier nicht erwartet werden kann. Aber, wer weiß: Zehn, zwanzig Jahre später klingen die Verse in den dann Erwachsenen nach. Und ebenso halten es dort die Muslime mit dem Koran. Religiöse Erziehung ist zu wichtig, um sie den Pädagogen zu überlassen.

Katalog der Laster

Die „sieben Todsünden" wurden erst spät kodifiziert, die Bibel kennt sie natürlich, aber nicht systematisch zum Katalog zusammengefasst. Eigentlich ist auch der Name nicht ganz passend. Denn Hochmut, Geiz, Wollust, Zorn, Völlerei, Neid und Trägheit des Herzens (acedia) sind noch nicht die große Sünde selbst, sondern erst ihr Nährboden; sie sind Laster, schlechte Eigenschaften.

„Hauptlaster" heißen sie, weil sie aus dem Alltäglichen, ganz Naheliegenden den Weg zu Schlimmerem ebnen. Was drückt sich in ihnen aus? Zunächst einmal: dass der Mensch sich herunterziehen lässt. In diesen Lastern verliert er etwas von seiner Würde, von seiner Autonomie. Er wird zum Spielball von dem, was in der heutigen Sprache „infantiler Narzissmus" genannt werden kann – wie das Kind, je kleiner es ist, sich ohne Frage als Weltmittelpunkt fühlt und die Erfüllung jedes aktuellen Wunsches diktatorisch erwartet, so verhält sich der Lasterhafte. Er gibt nach. Damit aber verletzt er selbst sein eigenes Bild, und die Strafe für das Laster vollziehen nicht so sehr die anderen, denen er zum Abscheu wird, sondern zunächst und vor allem er.

Vergebens die Bemühungen, diesen sieben Lastern ein Positives, ja Heroisches abzugewinnen. Bertolt Brecht und Kurt Weill haben es 1933 versucht, in einem Ballett mit dem Titel „Die sieben Todsünden der Kleinbürger". Damit ist schon gesagt, worum es dem Komponisten und seinem Librettisten ging: Die Laster sind solche nur vom Standpunkt des Geldverdienens aus, des mediokren Wunsches nach Hausbau und Sicherheit, der von der immer kontrollierenden Familie den beiden Schwestern Anna I und Anna II aufgedrängt wird.

Dem eigentlichen, dem schönen und fröhlich-verrückten Leben sind, so glaubte Brecht, die sieben Laster vielmehr der notwendige Ausdruck. Sie werden in sieben Stationen einer Reise der Schwestern durch die Vereinigten Staaten vorgestellt und umgedeutet. So wird aus der geistig-seelischen „acedia", die eine Unfähigkeit zum Aufschwung meinte, eine Trägheit des Herzens, und die eher einer schweren Depression gleicht, eine ganz banale Bequemlichkeit. Zugegeben: Die Musik ist wunderschön. Aber es sind Sirenenklänge.

Warum der Marxist Brecht hier dem radikalen Individualismus huldigte, ist eine eigene Frage. War der ausschließlich triebbestimmte Mensch, der seine Autonomie ans Niedere abgetreten hatte, vielleicht das ideale Subjekt einer kommunistischen Herrschaft?

Die Bibel spricht von diesen Lastern im lebenspraktischsten Buch des Alten Testaments, Jesus Sirach. Hier findet man dazu die überzeugendsten Sprüche und Weisungen. Das klingt oft sehr schlicht: „Ein trotziges Herz nimmt ein böses Ende." Sicher: Jesus Sirach bietet keine „hohe" Theologie, der Verfasser war kein Paulus, sondern nur ein erfahrener Mann, aber deshalb sollte man seine Sammlung von Rat- und Sprichwörtern nicht verachten.

Winklers Monotheismus

Mit einem Paukenschlag lässt der Historiker Heinrich August Winkler seine monumentale „Geschichte des Westens" beginnen: „Am Anfang war der Glaube: der Glaube an einen Gott." Noch nicht vom jüdischen Monotheismus ist die Rede, sondern zunächst von dem ägyptischen Pharao Echnaton, der die vielen lokalen Gottheiten durch den einen Dienst der Sonne ersetzen wollte.

Dass hier – und nicht in Griechenland – der Ursprung des „Westens" liegen soll, ist eine neue Konstruktion der europäischen Identität, wenn man überhaupt in diesem Zusammenhang noch von Europa reden will. Winkler beruft sich bei seiner Entscheidung für Echnaton als Gründerfigur auf die Gedanken Sigmund Freuds. 1939 veröffentlichte der Pionier der Psychoanalyse eine Folge von Essays, die er unter dem Titel „Der Mann Moses und die monotheistische Religion" zusammenfasste. In Echnaton sah Freud den unmittelbaren Vorläufer von Moses und dessen „höher vergeistigter Gottesvorstellung".

Aber die Ideen Freuds über die Ägypter bedürfen selbst der Deutung. Echnaton stand bei den Psychoanalytikern stets in hohem Ansehen, vor allem bei Freuds

Schüler Karl Abraham: Der reformatorische Pharao war der ferne Spiegel, in dem sie den Vorschein ihrer eigenen kulturreformatorischen, oder, wie Winkler schärfer sagt: „kulturrevolutionären" Anliegen erkannten.

Man muss einmal in Freuds Praxis gewesen sein, wie sie das Museum in der Wiener Berggasse heute zeigt: unendlich viele Figürchen ägyptischer Götter und Götzen. Warum hat er sie mit solchem Eifer gesammelt? Die Antwort liegt auf der Hand: Dieses manchmal menschen-, oft aber tierköpfige Pantheon stand ihm für die Fehlbildungen des Geistes, sie repräsentierten gleichsam die objektiven Neurosen des Weltgeistes. Die geheilte Menschheit würde ihrer nicht mehr bedürfen, geradeso, wie der einzelne Patient von seinen Zwangsritualen oder hysterischen Schauspielereien einmal ablassen würde. Freud ist für die Religion kein so guter Kronzeuge, wie Winkler es nahelegt; das Glaubensleben fasste sich für ihn in dem Titel zusammen, den er einem Essay zur Psychoanalyse der Religion im Allgemeinen gab: „Die Zukunft einer Illusion".

Und über das Christentum im Besonderen spricht Freud im „Mann Moses" noch weniger freundlich: „In manchen Hinsichten bedeutete die neue Religion eine kulturelle Regression gegen die ältere, jüdische, wie es ja beim Einbruch oder bei der Zulassung neuer Menschenmassen von niedrigerem Niveau regelmäßig der Fall ist. Die christliche Religion hielt die Höhe der Vergeistigung nicht ein, zu der sich das Judentum aufgeschwungen hatte." Winklers Lob des Monotheismus mündet in ein Lob der westlichen Säkularisierung und erinnert ein wenig an den Witz der aufgeklärten New Yoker Juden: „There is only one God – and we don't believe in him."

Kapitel II

Heilige Schrift: Was wir glauben

Der heilige Name Gottes

Plötzlich bemerkt man in der fremden Sprache etwas, woran man lange vorbeigegangen war. Die „Bible de Jérusalem" der Freundin macht, wenn man mit dem Neuen Testament beginnt, einen sehr guten Eindruck. Ihre Kommentare sind sachhaltig, auf dem Stand der Forschung und dem Leser hilfreich. Schlägt man aber dann das Alte Testament auf, beginnt die Überraschung. Sicher, in der Schöpfungsgeschichte ist es noch Gott, ohne weitere Hinzufügung, der handelt. Aber schon im zweiten Schöpfungsbericht, der die Erschaffung Evas aus der Rippe Adams schildert, hören wir nicht mehr von Gott oder dem Herrn, sondern von Gott Jehova, Jahwe, im Französischen „Yahvé Dieu". Und so geht es weiter, bis zum letzten Propheten.

Man empfindet ein leises Befremden, als sei man aus der universellen Christenheit in die Epoche der Verehrung eines exotischen Stammesgottes zurückversetzt worden oder, bei einer katholischen Bibelausgabe wie der erwähnten französischen noch merkwürdiger, in die Sphäre evangelikaler Erweckungsprediger – bei denen die Form Jehova immer in hohem Ansehen stand. Freilich gesteht die französische Bibel Probleme in der Übertragung des Gottesnamens ein. Die Form „Jahwe" sei „seit einiger Zeit" in „zahlreichen Übersetzungen" gebräuchlich, heißt es. Für den liturgischen Gebrauch empfehle man indes weiterhin „Herr".

Dies ist durch ein Dekret des Vatikans zwingend geworden. Im Protestantismus angelsächsischer Prägung war seit jeher ein stärkerer „Hebraismus" die Regel als im katholischen Bekenntnis oder in der Orthodoxie. Im östlichen Raum der Kirche stützt man sich auf die Septuaginta, die Übersetzung des Alten Testaments ins Griechische durch Schriftgelehrte im vorchristlichen Alexandria, die den Namen Gottes mit „kyrios" wiedergaben, Herr, was dann in der lateinischen Übersetzung zu „dominus" wurde.

Ist also die amtliche Zurückweisung eines Hebraismus in der Liturgie, in Gebeten und Kirchenliedern ein heimlicher Versuch, sich von den authentischen Wurzeln des Alten Testaments abzugrenzen? In Wirklichkeit ist das Gegenteil der Fall. Die Anweisung aus Rom, den Namen „Jahwe" nicht mehr liturgisch zu verwenden, erging, nachdem der römische Oberrabbiner Riccardo Di Segni einen entsprechenden Wunsch geäußert hatte. Man wolle, wie es aus dem Vatikan hieß, ein Zeichen des Respekts gegenüber „jüdischen Sensibilitäten" setzen.

Auch dies ist zwingend und mehr als nur eine Höflichkeit. Denn „Jahwe" als Gottesname ist reine Fiktion. Die vier Buchstaben JHWH des Namens sind nicht vokalisiert. Vor allem: sie wurden nicht ausgesprochen. Gebräuchlich im Judentum war in der Lesung und im Gebet „Adonaj", was wiederum „Herr" bedeutet, oder die Umschreibung „ha Schem", (heiliger) Name. Nicht alles, was als christlich-jüdische Versöhnung gemeint war, trifft das Ziel.

Priesterkönig und Leviten

Melchisedek ist eine der rätselhaftesten und zugleich bedeutendsten Figuren der Bibel, eine der frühesten und eine der letzten namentlich erwähnten. Er ist ein vorisraelitischer Priesterkönig. Nach einem militärischen Sieg Abrams, der später Abraham genannt wird, heißt es: „Melchisedek aber, der König von Salem, brachte Brot und Wein heraus, er war nämlich ein Priester des Höchsten Gottes. Er segnete ihn und sprach: Gesegnet sei Abram vom Höchsten Gott, / der Himmel und Erde erschaffen hat. Und gesegnet sei der Höchste Gott, / der deine Feinde in deine Hände geliefert hat! Darauf gab er Abram den Zehnten von allem." Abram wäre also der Überlegene, Ranghöhere. So steht es in der Herder-Bibel, der gängigen katholischen Übersetzung.

Diese ist auch die Textgrundlage der sogenannten „Benedikt-Bibel", die der Herder-Verlag in Zusammenarbeit mit der „Bild"-Zeitung herausbrachte. Ich schaffte sie mir neulich an, sie genießt einen guten Ruf. Aber über den Schluss des Melchisedek-Abschnittes stolperte ich noch am gleichen Abend. Der König soll Abram den Zehnten gegeben haben? Hatte ich bis dahin die ganze Geschichte falsch verstanden?

Kurze Prüfung in der Einheitsübersetzung, der vielgescholtenen. Dort steht nun das Gegenteil: „Darauf gab ihm Abram den Zehnten von allem." Warum die ganze Angelegenheit so wichtig ist, erklärt erst der Hebräer-Brief des Neuen Testaments. Er ist an die Judenchristen adressiert und hat eine bestimmte Absicht, es geht um eine Neubestimmung des priesterlichen Amtes. Christus sei, so heißt es dort, „Priester auf ewig / nach der Ordnung Melchisedeks." Und das heißt: nicht nach der alttestamentlichen Ordnung der Leviten. Aber merkwürdig, auch der 110. Psalm sagt es schon: „Du bist Priester auf ewig nach des Melchisedeks Weise."

Die Leviten hatten sich beim Vorfall mit dem Goldenen Kalb durch einen besonderen Radikalismus hervorgetan, indem sie ihre abgefallenen Verwandten liquidierten. Ihnen als Stamm, den Nachkommen Levis, wurde deshalb das Priestertum übertragen. Dieses alte Gesetz kann für die junge christliche Gemeinde keine Geltung mehr beanspruchen – so die Lehre des Hebräerbriefes. Es gibt, durch Melchisedek, eine ältere und damit autoritativere Ansicht des Priestertums. Seine Handlung mit Brot und Wein nimmt Jesus im letzten Abendmahl auf. Und nun fallen im Hebräerbrief die entscheidenden Worte: „Seht doch, wie groß der ist, dem selbst Abraham, der Patriarch, den Zehnten vom Besten der Beute gab!"

Die alttestamentliche Lehre spielt sich im Medium eines Volkes ab. Die wunderbar klare deutsch-jüdische Autorin Barbara Honigmann hat es kürzlich wiederholt: „Das Judentum ist nicht im christlichen Sinne als Religion zu verstehen, weil es nicht nur reine Konfession ist, sondern man wird als Jude geboren." Melchisedek war kein Levit, so wie Jesus keiner war. Kein noch so wohlwollendes christlich-jüdisches Gespräch führt daran vorbei.

Gebot und Autonomie

Man muss manchmal die Gegenprobe machen, um auf den Sinn eines Mythos zu kommen. Der griechische Held erlegt die Ungeheuer. Der üble Wirt Prokrustes, der den Gästen in seinem Bett die Knochen bricht, wird von Theseus zur Strecke gebracht. Den Walfisch, der die Andromeda als Opfer verschlingen will, erlegt Perseus. Das will aber sagen: Die Ungeheuer müssen zum Thema werden, weil nur auf diesem Weg die grundlegenden Normen eines Gemeinwesens ins Bewusstsein gerufen werden können. So gesehen, sagt der Mythos: Wir hier lehnen Menschenopfer ab, wir achten die Gastfreundschaft. Wir leben in einem gesetzlichen Zustand.

Bei den Zehn Geboten des Alten Testaments sollte man, wenn man sie nicht bloß als unbestimmtes „Kulturerbe" konservieren will, einen anderen Weg der Gegenprobe einschlagen. Sicher: Ein Stamm, der solchen Geboten folgt, hat einen größeren inneren Zusammenhalt, im Konfliktfall erhöhen sich die Siegeschancen, weil es weniger Anlässe zu inneren Streitigkeiten gibt. Aber damit wäre noch nicht viel erklärt. Die ersten Gebote betreffen das Verhältnis zu Gott selbst: Er ist Einer, er ist jener, der verspricht, er ist herausgehoben, indem man seinen Namen nicht missbrauchen darf, und die Heiligung des Sabbats gibt erst die Möglichkeit der Feier im Ablauf der Woche. Die ersten Gebote richten sich gegen etwas, das man Vergleichgültigung nennen könnte.

Nach den religiösen Geboten folgt als Erstes, Vater und Mutter zu ehren. Denn ihnen verdankt die Person ihre biologische Existenz, und das Tötungsverbot im nächsten Gebot schließt hier direkt an. Das Verbot des Ehebruchs sichert den einmal geschlossenen Bund und schafft eine neue Zone der Verlässlichkeit. Und wie das Kind die Pflicht hat, Vater und Mutter zu ehren, so hat es auch das Recht zu wissen, wer sein Vater ist. Mit den Geboten, die sich nicht nur gegen das Stehlen, sondern sogar gegen den Besitzneid richten – „Du sollst nicht das Haus deines Nächsten begehren. Du sollst nicht die Frau deines Nächsten begehren, noch seinen Knecht, noch seine Magd, noch sein Rind, noch seinen Esel, noch irgendetwas, was deinem Nächsten gehört" -, wird der Schutz der Person erweitert, privates Eigentum ist die Minimalbedingung ihrer Selbständigkeit.

Und die soziale Anerkennung wird durch das Gebot gegen das „falsche Zeugnis" gegen den Nächsten noch zusätzlich gesichert. Bereiche der Unantastbarkeit werden von den Zehn Geboten definiert. Eine Welt, die ohne sie auskommen müsste, wäre eine des Terrors, der Furcht, des objektiven Wahnsinns, mit gleichgültigen, unzuverlässigen Göttern. Die Person könnte sich in einer Welt ohne diese Gebote nicht festigen, ja nicht einmal ausbilden. Hier scheiden sich auch die Parteien. Religionskritiker, Abtreibungsbefürworter, Vater-und-Mutter-Verunehrer und Verächter privaten Eigentums sind ja oft unter derselben Hausnummer gemeldet.

Konsequenzen eines Gebots

Das Christentum ist kein Naturkult. Und doch haben viele Kirchen einen starken Begriff des „Natürlichen" und „Naturgemäßen". Natürliche Verhältnisse werden durch den Glauben in ihrem Sinngehalt nicht einfach gelöscht und einer geschichtlich stets neuen Konstruktion zugeschlagen, die man dann auch immer weiter umkonstruieren kann, sondern bilden – jedenfalls der Idee nach – einen bleibenden Untergrund.

Das vierte der zehn Gebote verpflichtet den Menschen dazu, Vater und Mutter zu ehren. Man sieht auch sofort, dass es sich hier eben nicht um ein reines, blindes Naturverhältnis handelt, sondern dass schon in der Natur die Verpflichtung steckt. Denn das Leben, das die Eltern geschenkt und gegeben haben, bedingungslos, fordert einen Dank als angemessene Antwort. Drakonische Strafen sieht das mosaische Gesetz für die Verletzung dieses Gebotes vor: „Wer seinen Vater oder seine Mutter verflucht" – die Septuaginta übersetzt sogar noch härter: „schmäht" -, „soll mit dem Tod bestraft werden." Und keineswegs ist dies nur alttestamentliche Ansicht; Jesus wiederholt die Drohung gegenüber den Pharisäern im fünfzehnten

Kapitel des Matthäus-Evangeliums. Aber dieses Gesetz spricht ja nur aus, was der Übertreter schon an sich vollzogen hat: nämlich eine Art der Selbstverfinsterung, auf der niemals ein Segen liegen kann.

Wenige Gebote Gottes stehen heute in so niedrigem Ansehen wie das vierte, das nach bürgerlichem Recht straflos bleibt – wer es überschreitet, hat keine ernsthaften Sanktionen zu befürchten. Im Gegenteil. Der Buchmarkt, die Kulturindustrie und die Klatschpresse saugen Geschichten einer „Abrechnung" mit den Eltern an wie ein trockener Schwamm und setzen noch eine Prämie darauf. Zwischen den Generationen droht eine Gnadenlosigkeit, die an jeder anderen gesellschaftlichen Konfliktlinie längst geächtet wäre.

Nicht nur das vierte Gebot beruht auf der Idee der Gabe. Fast könnte man versucht sein, das ganze Neue Testament als eine Folge von Gaben, Hingaben und Vergebungen nachzuerzählen. Und alle Verhältnisse, in denen die bedingungslose Gabe eine maßgebliche Rolle spielt, ziehen gleichsam von sich aus den Segen an. Das heißt aber auch, dass nur auf solchen Verhältnissen ein Segen liegen kann, die grundsätzlich bereit sind, die Gabe weiterzugeben – die Gabe des Lebens, die höchste, ernsteste. Wer sich selbst willentlich außerhalb dieser Gabe stellt, kann ein guter Bürger sein und ein netter Mensch, nur den kirchlichen Segen für seine Partnerschaft kann er nicht beanspruchen.

Auch hier ist die Natur keine zufällige, zu vernachlässigende, nach Belieben umzudeutende Randbedingung. In ihr selbst liegt schon unausgesprochen die Struktur einer Verpflichtung. Und deshalb ist der Segen etwas Objektives, Unverrückbares. Es steht nicht in der Macht der Toleranz, seine Grenzen zu verschieben.

Antwort auf Hiob

Manchmal ist es besser, auf die Gewissheiten zu verzichten. Dann nämlich, wenn jeder Versuch, eine Sache zu erklären, zureichende Gründe für sie beizubringen, nur schief herauskommen kann. Hiob, der Mann, dem äußerstes Leid widerfahren ist, hat Freunde, die ihm solche Gewissheiten einreden wollen: Wenn du leidest, dann musst du im gleichen Maß gesündigt haben. Und wenn nicht in deinen Augen, dann in denen Gottes. Anders können die Freunde sich die Ordnung der Welt nicht vorstellen.

Es gibt eine Theorie, nach der die Religion der Bewältigung der unvermeidlichen Kontigenzen des Lebens dient und darin ihre Funktion hat. Nach dieser Theorie müsste auf die Frage Hiobs nach Sinn und Grund seines Leidens sozusagen eine Antwort im gleichen Format gegeben werden können. Genau die aber sucht man vergebens. Gottes Antwort an Hiob wird auf den ersten Blick jedermann befremden; ja, erst wenn man befremdet ist, kommt man überhaupt dem Problem näher. Gottes Antwort ist nämlich keine, die den Fragenden beruhigen könnte. Was da aus dem Gewitter klingt, mutet vielmehr wie die Verweigerung einer Antwort an.

Ist dem Mann, der seine Söhne und Töchter verloren hat, denn damit gedient, dass Gott ihm nun in geradezu sarkastischer Weise den Abstand zwischen Schöpfer und Geschöpf vorhält: „Ich will dich fragen, du belehre mich! Wo warst du denn, als ich die Erde gründete? Sag an, wenn du so große Einsicht hast!" Dann entrollt er noch einmal die ganze Herrlichkeit und Majestät der Schöpfung. Von der „Schrift" des Himmels bis zu den Tieren der Erde, die einzeln durchgenommen werden; von der Heuschrecke bis zum Krokodil und zum Nilpferd.

Wahrhaft befremdlich ist diese Donnerrede Gottes. Man versteht sie erst, wenn man sich die möglichen Alternativen vor Augen hält. Sie liegen sehr nahe. Wir kennen sie ja, die indiskrete Fragerei nach einem Schicksalsschlag, die dann einzelne Gründe ausforschen will und am Ende doch nur leeren Trost bieten kann: dass man vielleicht aus einem früheren Leben „karmisch" etwas abzuarbeiten hatte oder dass man „nicht weiß, wozu es vielleicht noch gut ist".

Das sinnstiftende Gerede, das die Psychoanalyse eine „Rationalisierung" nennt, die durchsichtige Erfindung von Scheingründen – all das fällt ausgerechnet in der Bibel aus. Und scharf getadelt werden am Ende von der

Stimme Gottes gerade die „weisen" Freunde Hiobs, die das Leid auf eine einfache ökonomische Gleichung von Sünde und Strafe herunterbrechen wollten: „Denn ihr habt nicht die Wahrheit über mich geredet wie mein Knecht Hiob." Besser also als solche Weisheit ist doch das „Geschrei" Hiobs, das ihm die Freunde hatten ausreden wollen. Die Heilige Schrift kann erschrecken und befremden, aber sie schwatzt nicht. Gottlob.

Die Bibel spricht immer

In der „Septuaginta Deutsch" gelesen. Das ist jene Version des Alten Testaments, die in den ersten vorchristlichen Jahrhunderten von alexandrinischen jüdischen Gelehrten ins Griechische übertragen wurde. Manches ordnet sie anders als die hebräischen Bücher der Heiligen Schrift, und manche Bücher, die Luther als die „Apokryphen" bezeichnete – „Das sind Bücher, so der heiligen Schrift nicht gleich gehalten, und doch nützlich und gut zu lesen sind" -, finden sich nur in der Septuaginta-Überlieferung. Für die orthodoxe, griechische Kirche lag hier und liegt bis heute der naturgemäße Zugang zum Alten Testament, und auch der katholische Kanon fußt auf der Septuaginta.

Liest man nun, angeregt durch die neue Übersetzung, wieder einmal im Propheten Jeremia, dann klären sich die Zusammenhänge zum Neuen Testament: Zwei schlimme Dinge, spricht Gott zum Propheten, „hat mein Volk getan: Mich haben sie verlassen, die Quelle lebendigen Wassers, und die haben sich selbst Zisternen gegraben, die kein Wasser halten können." (2,13) Im Evangelium des Johannes nimmt Jesus im Gespräch mit der Samariterin dieses Bild wieder auf, als er sie um Wasser aus dem Jakobsbrunnen bittet – selbst der Ort verweist also auf das Alte Testament! – und die Frau unverständig antwortet: „Wenn du die Gabe Gottes kennen würdest und wer es ist, der zu dir sagt: Gib mir zu trinken!, dann hättest du ihn gebeten, und er hätte dir lebendiges Wasser gegeben."

Mit diesem Bild vom lebendigen Wasser hängt ein anderes zusammen, das wir bei Jeremia finden: „Ich aber, ich pflanzte dich als fruchtbaren Weinstock, ganz wahrhaftig. Wie hast du dich in Bitterkeit gewandelt, du fremder Weinstock." (2,21) Wenn man nach dem einen Leitwort der Bibel fragte, Altes und Neues Testament verknüpfend, wäre es wahrscheinlich, wenn man einmal von theologischen Aussagen absieht, das Wort „Frucht". Die Schöpfungsgeschichte preist die Früchte von Pflanzen und Bäumen; schon den Vögeln und Fischen wird, wie dann den Menschen, der Auftrag gegeben: „Seid fruchtbar und vermehrt euch." Die Gleichnisse Jesu sprechen von nichts so angelegentlich wie von der Frucht, ebenso wie Jeremia auch von den Winzern und vom Weinstock, dann vom Senfkorn, das reich aufgeht. Und einen Feigenbaum, an dem sich nur Blätter finden, aber keine Früchte, trifft die Verdammung: „In Ewigkeit sollst du keine Frucht mehr tragen." Die Frucht ist im ewigen Bilderdenken der Menschheit das allernächste Symbol des Heils wie Fruchtlosigkeit das Zeichen des größten Unheils, ein wenig wie bei der sprichwörtlichen Sisyphusarbeit der heidnischen Antike.

Das Überspringen der Zeiten beim Lesen – zwischen Altem und Neuem Testament, zwischen damals und heute – ist eigentlich der Königsweg zur Bibel. Alles bezieht sich aufs immerwährende Jetzt. Oder, als Rezept für die Heutigen gesagt: Lies (versuchsweise) so, dass du möglichst wenig historisieren musst.

Der Täufer und Tiberius

Der Kaiser Tiberius hat bei der Nachwelt keinen guten Ruf. Er gilt als der erste jener Cäsaren, die Grausamkeit mit Erfindungsreichtum verbanden. Ihre Reihe zieht sich bis zu Domitian, dem Christenverfolger. Sein Lehrer für Rhetorik sagte von Tiberius, er sei „ein mit Blut getränkter Lehmklumpen" gewesen. Also irgendwie unbeseelt, ohne je einen Anhauch erfahren zu haben. Wir begegnen ihm kurz auch in der Bibel. Im fünfzehnten Jahr der Regierung des Kaisers Tiberius, so schreibt Lukas, „erging in der Wüste das Wort Gottes an Johannes, den Sohn des Zacharias".

Johannes der Täufer fasst alles noch einmal zusammen, was es im Alten Testament an Prophetischem gab. Er ist der Wegbereiter, der in der Wüste ruft, wie Jesaia, er ist von mächtiger Wirkung wie Elija. Nur ist alles jetzt neu gefasst und betrifft nicht mehr eine unbestimmte Endzeit, die für irgendwann erhofft wird, sondern das baldige Erscheinen jenes anderen, „der stärker ist als ich, und ich bin nicht wert, ihm die Riemen seiner Schuhe zu lösen. Er wird euch mit Heiligem Geist und Feuer taufen." Deshalb ist die Beschäftigung mit dem Täufer, dem Vorausgehenden, gerade in der Adventszeit nützlich.

Schon seine Geburt ist von Prophezeiungen umgeben. Der Vater Priester; Elisabeth, die Mutter, eine Verwandte Marias. Der Erzengel Gabriel erscheint dem Vater beim Rauchopferdienst und kündigt ihm die Geburt des Sohnes ebenso an wie das Amt, das er erfüllen wird. Der Vater zweifelt am Wort des Engels. Er ist alt und seine Frau auch. Für den momentanen Unglauben wird er mit zeitweiliger Stummheit geschlagen, aber als der Sohn da ist und einen Namen erhalten soll, nennt ihn der Vater „Johannes", wie es ihm der Engel aufgetragen hatte. Alles an dieser Geburt ist staunenswert, in jedem Moment von Zeichen umrankt, und die Gäste fragen zu Recht: „Was wird wohl aus diesem Kinde werden?"

Schauen wir noch einmal auf Tiberius als die Figur in der Ferne, im Hintergrund. Auch sein Weg war von Vorzeichen bestimmt, Großes geschah in der Antike niemals unvorbereitet. Aber bei den Orakeln gab es Unterschiede. Ehrwürdiges und Erhabenes hatten auch die „Heiden". Nicht jedoch in diesem Fall, wie sich zeigt: „Als Tiberius nach Illyrien marschierte und auf dem Weg nahe bei Patavium (Padua) das Orakel des Geryon aufsuchte, zog er ein Los, durch das ihm bedeutet wurde, er solle wegen der Anfrage goldene Würfel in die Quelle des Aponus werfen; und es ergab sich, dass seine Würfel die höchste Zahl zeigten." So der Bericht des römischen Schriftstellers Sueton. Obszönität ist unbeseelte, entzauberte, durch schiere Masse wirkende Nacktheit, und in dieser Form trifft Tiberius das Schicksal, sein Glück entblößt sich ihm sozusagen in einem Wahrsage-Las-Vegas mit cäsarischem Stalin als Subjekt. Ob Lehmklumpen oder Goldwürfel, macht in der Sache dann keinen Unterschied mehr, wenn der Anhauch fehlt.

Jesus und die Hetzmasse

Vor fünfzig Jahren erschien „Masse und Macht" von Elias Canetti. Jahrestage von Klassikern laden zum Wiederlesen ein. Dann fällt es auf, wie viele neue Beobachtungen und Wortprägungen das Buch enthält, wie sehr die Massenbildung nach Anlässen aufgefächert und analysiert wird: Es gibt „Fluchtmassen", „Verbotsmassen", „Festmassen". Und, besonders eindruckvoll geschildert, die „Hetzmasse".

Diese „bildet sich im Hinblick auf ein bestimmtes Ziel. Es ist ihr bekannt und genau bezeichnet, es ist auch nah. Sie ist aufs Töten aus, und sie weiß, wen sie töten will. Es genügt, dieses Ziel bekanntzugeben, es genügt zu verbreiten, wer umkommen soll, damit eine Masse sich bildet." Geradezu das Muster einer solchen Hetzmasse schildert das Evangelium des Johannes. Schriftgelehrte und Pharisäer bringen eine ehebrecherische Frau vor Jesus. „Sie stellten sie in die Mitte und sagten zum ihm: Meister, diese Frau wurde beim Ehebruch auf frischer Tat ertappt. Mose hat uns im Gesetz vorgeschrieben, solche Frauen zu steinigen. Nun, was sagst du?"

Die Szene zeigt die von Canetti geschilderten Züge einer Hetzmasse fast überdeutlich. Immer ist ja die Tat einer solchen Meute für die Täter in ihrer überlegenen Zahl gefahrlos – hier noch verstärkt dadurch, dass es sich bei dem Opfer um eine Frau handelt. Kein Heldenstück! Auch die eilige Steinigung folgt der von Canetti geschilderten Typik: „Man führt den Verurteilten aufs Feld hinaus und steinigt ihn. Jeder hat am Töten teil; von den Steinen aller getroffen, bricht der Schuldige zusammen. Es ist niemand zum Hinrichten delegiert, die ganze Gemeinde tötet. Die Steine stehen für die Gemeinde, sie sind das Mal ihres Beschlusses und ihrer Tat."

Canetti, das mag manchen überraschen, sah als Beispiel einer solchen Hetzmasse auch jene von Jerusalem, die das „Kreuziget ihn!" rief. Tatsächlich hatten auch die erwähnten Pharisäer und Schriftgelehrten schon eine Fangfrage im Sinn, als sie sich an Jesus wandten – hätte er das Gesetz verleugnet, das sie anführten, dann wäre ein weiterer Vorwand für seine Verfolgung gefunden worden.

Nun aber antwortet er eigentlich nicht oder nur mit einer rätselhaften Geste, die auf ihre Weise dem „im Gesetz vorgeschriebenen" Todesurteil antwortet: „Jesus aber bückte sich und schrieb mit dem Finger auf die Erde." Schrift gegen Schrift. Unendlich weit ist er von der Meute entfernt, und nur dies macht er ihr deutlich. Eine gleichformatige Antwort dürfen sie von ihm nicht erwarten, der völlige Abstand von ihrem ganzen Vorhaben wird ihnen signalisiert. Aber die Botschaft erreicht sie nicht, sie bestehen auf ihrer Frage.

Dann fallen die Worte, die jeder kennt: „Wer unter euch ohne Sünde ist, der werfe den ersten Stein." Der Zerfall der Hetzmasse, hatte Canetti festgestellt, sei ein besonders schneller. So auch diesmal: „Als sie seine Antwort gehört hatten, ging einer nach dem anderen fort, zuerst die Ältesten. Jesus blieb allein zurück mit der Frau, die noch in der Mitte stand."

.

Armut im Geiste

Die Bergpredigt ist eine der längsten zusammenhängenden Aussagen, die wir von Jesus haben. Ihre Gedankenrichtung geht gegen die äußerliche, die Schauseite des religiösen Lebens. Da gibt es die demonstrativ, vor aller Welt sichtbar Betenden und jene, die um ihre Mildtätigkeit ein großes Wesen machen – „Humanitätsunternehmer" würde man sie heute nennen. Nach innen geht aber der christliche Weg. Und dabei verschärfen sich die überlieferten Gebote sogar, statt sich in einem vagen Seelenraum aufzulösen. Nicht mehr nur ihre sichtbare Verletzung ist das Thema der Predigt, sondern auch die Gedanken, die in die falsche Richtung gehen.

Neun Seligpreisungen sind es, mit denen die Bergpredigt einsetzt. Und das Merkwürdige mag scheinen, dass hier vom Glauben zuerst gar nicht die Rede ist. Andere menschliche Qualitäten gehen voran. Nur die letzte der Seligpreisungen spricht die Gläubigen direkt an. Da redet Jesus zu denen, die vor ihm stehen: „Selig seid ihr, wenn sie euch um meinetwillen schmähen und verfolgen und euch alles Lügnerische nachsagen. Freut euch und jubelt, denn euer Lohn ist groß im Himmel. Denn ebenso haben sie auch die Propheten vor euch verfolgt." Das Wort „in meinem Namen" ist die Krönung, der Abschluss der Seligpreisungen. Und erst hier scheint vom Glauben die Rede zu sein.

Man möchte sich zu jeder der Seligpreisungen – der Armen im Geist, der Trauernden, der Sanftmütigen, der nach Gerechtigkeit Hungernden, der Barmherzigen, der mit dem reinen Herzen, der Friedensstifter und der Verfolgten – einmal eine Gegenprobe vorstellen. Dann hätte man die Hochmütigen, mit ihrem eigenen Geist Prunkenden. Die immer Siegestrunkenen und Triumphierenden. Die rücksichtslosen Zyniker. Die Unbarmherzigen und jene, die andere zum Mittel ihrer verborgenen Zwecke machen. Am Ende die Hassprediger und schließlich die Verfolgertypen. Psychologisch gesprochen: Der Adressat einer Antibergpredigt wäre der ganz und gar egozentrische, im allerkleinsten Kreis der Bedeutungen gefangene Mensch. Und dieser wiederum wäre zu einem Gedanken an Höheres ganz unfähig, weil er ja schon das Naheliegende nicht sieht. So ist der Glaube zwar nicht ausdrücklich erwähnt, wenn man von dem letzten Passus absieht, aber er wird in der Gesamtheit seiner Bedingungen entwickelt. Es sind die schwersten, und selbst der Fromme wird sich eingestehen, nicht immer in dieser Spannung leben zu können.

Aber wer sind die „Armen im Geiste", die doch den Anfang machen? Die im banalen Sinne Unintelligenten werden nicht gemeint sein; auch eine Verwarnung vor zu vielem Nachdenken möchte man ausschließen. Der griechische Text spricht eigentlich auch nicht von den „Armen", sondern von den um Geist „Bettelnden" (ptochoi). Das ist aber kein Wort für ein statisches Armsein, sondern für ein Verhalten, eine höchste Aktivität. Bitten in diesem Sinn kann der Klügste. Dann muss man ihn preisen.

Was heißt Jesus lieben?

Karl Rahners knappe Abhandlung „Was heißt Jesus lieben?" lese ich nach fünfundzwanzig Jahren zum zweiten Mal. Wieder habe ich bei jeder Zeile den Eindruck, dass hier ein eminenter Kopf der Theologie redet. Und doch bleibt mir das Buch so fremd wie damals. Ist es die Sprache, die in immer neuen Kaskaden von „Unbedingtheit" und „Radikalität" redet wie der Existentialismus? Sind wir so sehr mit allen Wassern der postmodernen Ironie gewaschen, dass uns der Sinn für diese markige Rede vergangen ist, oder geht es um mehr?

Rahner berichtet von einem Gespräch mit einem evangelischen Theologen. „Da sagte ich zu ihm: Ja, sehen Sie, man hat mit Jesus in Wahrheit doch nur etwas zu tun, wenn man ihm um den Hals fällt und in der Tiefe der eigenen Existenz erkennt, dass so etwas auch heute möglich ist." Mir geht es so, dass ich gerade hier nicht mitkomme; eine Spur von – meinethalben frommer, jedenfalls auch sehr deutscher – herzlich polternder Indiskretion steckt darin. Die Gesten der Nähe, von denen das Neue Testament berichtet, scheinen um eine Nuance unaufdringlicher und zarter zu sein.

Im 13. Kapitel des Evangeliums nach Johannes wird so eine Szene vom letzten Abendmahl überliefert. Unmittelbar vorangegangen ist die Erschütterung Jesu angesichts des bevorstehenden Verrats: „Einer von seinen Jüngern lag bei Tisch an der Seite Jesu; es war der, den Jesus liebte. Simon Petrus winkte ihm zu, er solle fragen, wen Jesus meine. Der lehnte sich zurück an die Brust Jesu und fragte ihn: Herr, wer ist es?" Oft hat die Kunst diesen Moment dargestellt, gelegentlich mit dem Zusatz, dass Johannes – denn er ist es, „den Jesus liebte" – seine Hand auf die Hand des Herrn legt.

Nun ändert das grundsätzlich nichts am Recht von Rahners Titelfrage. Der Auferstandene selbst stellt sie ja dem Petrus: „Simon, Sohn des Johannes, liebst du mich mehr als diese? Er antwortete ihm: Ja, Herr, du weißt, dass ich dich liebhabe. Er sagte zu ihm: Weide meine Lämmer!" Noch zweimal wiederholt er die Frage, Petrus antwortet, so gut er kann, und beide Male ergeht an ihn der Auftrag: „Weide meine Schafe!" Nicht eine expressive Antwort in überspringender Gebärde wird verlangt, sondern die Treue in der Erfüllung eines apostolischen Amtes.

Man könnte sagen: Das Neue Testament antwortet auf Rahners Frage mit einer leichten Verschiebung ins Institutionelle, in dem sich das Persönliche bewähren soll. Als Aufforderung zu unmittelbarer, abstandsloser Kundgabe ist das Gebot, Jesus zu lieben, vielleicht nicht gemeint. Denn man liebt Jesus, man bezieht sein Leben auf ihn zunächst einmal im Gebet und im Empfang der Sakramente. Aber Rahner wollte den Ausgangspunkt für die Beantwortung seiner Frage weniger in der verfassten Kirche als im individuellen Menschen finden. Deshalb vermenschlichte sich ihm am Ende die Theologie, der Glaube wurde zu „Vertrauen" und der Kreuzestod zur „Solidarität".

Sünde, Kreuz und Moral

Ostern naht. Und damit, selbst für die Gleichgültigsten, die Aufführungen der Matthäus- und der Johannes-Passionen von Bach. „Seht – Wohin? – auf unsre Schuld; / All Sünd hast du getragen, / Sonst müssten wir verzagen. / Sehet ihn aus Lieb und Huld / Holz zum Kreuze selber tragen! / Erbarm dich unser, o Jesu!" So beginnt die Matthäus-Passion. Und wieder, wie vor zweitausend Jahren, ist das Kreuz eine Torheit und ein Ärgernis geworden. Nur diesmal nicht für die anderen, sondern für Teile der Kirchen selbst. In diesen Wochen geht ein Streit durch die protestantische Welt, wie es ihn lange nicht mehr gab. Burkhard Müller, Fernsehpfarrer des WDR und früherer Superintendent von Bonn, hatte eine heilsgeschichtliche Bedeutung des Kreuzestodes bezweifelt.

Antworten blieben nicht aus, aber manche waren auffällig schwach. Nikolaus Schneider, Präses der Evangelischen Kirche im Rheinland, erklärte, „wir Menschen" brauchten die Botschaft vom Kreuz „als Zeichen für Gottes Liebe und Solidarität, als Symbol des Mitgehens Gottes durch den Tod hindurch". Da klafft etwas auseinander: Die Materialität, die Schwere der Kreuzigung und die Leichtigkeit des „Symbols" stimmen nicht zusammen. Zynischer als jede blutrünstige Opfertheologie ist es doch, die Wirklichkeit der Kreuzigung als Veranstaltung um eines Symbols willen zu deuten.

Der logische Endpunkt solcher Theologie zeichnet sich ab: Die Offenbarung wird ausgehöhlt, am Ende ersetzt durch eine Moral, auf die das Symbol der bloße Hinweis ohne Eigengewicht ist. Schon Rousseau hatte in einem Brief an Voltaire geschrieben: „Das Dogma ist nichts, die Moral ist alles." Die Rede von den „Werten", wie kaum etwas anderes für die Gegenwart bezeichnend, hat hier ihren Ursprung. Der evangelische Bischof Wolfgang Huber schlug einen „Wertekatalog" für die Wirtschaft vor und wies dabei auf die „Goldene Regel" hin: „In der Fassung, in der Jesus sie verwendet, sagt diese ‚Goldene Regel': ‚Was ihr wollt, dass euch die Leute tun sollen, das tut ihnen auch' (Matthäus 7, 12). Oder: ‚Was du nicht willst, dass man dir tu, das füg auch keinem andern zu.'"

Aber die Berufung auf die „Goldene Regel" ist konfessionsübergreifend. Auch Kardinäle wie Karl Lehmann und Walter Kasper zitieren sie gern. Hören wir Kaspers Begründung: „Sie ist Weltethos und Grundlage für ein Zusammenleben der Menschheit." Nur ist damit zugleich ausgesprochen, dass man dafür das Christentum nicht mehr braucht. Ein „Weltethos" tut es auch, sogar ein Sprichwörterlexikon würde ausreichen – und hier scheint die eigentliche Absicht mancher ihrer Verkünder zu liegen. Treten dann Fundamentalisten auf, macht man große Augen. Dabei folgt auch der „Fundamentalist" einer Intuition, die der Menschheit als Ganzer gemeinsam ist: Liebe und Geheimnislosigkeit vertragen sich nicht.

Ostern des Erzketzers

Guillaume Apollinaire wurde 1880 in Rom geboren und verlebte dort seine Kindheit. Sein Großvater stand im Dienst des Vatikans. Dennoch würde man Apollinaire, einen Literaten und Kunstschriftsteller, der mit allen Wassern diverser Avantgarden zwischen dem Kubismus und den Surrealisten gewaschen war, kaum mit dem Heiligen Stuhl oder der Kirche in Verbindung bringen – es sei denn im Hinblick auf die Revolte.

Und doch gibt eine Erzählung Apollinaires zu denken: „Der Erzketzer". Nebenbei ist sie auch sehr amüsant. Wenn es etwa heißt: „Vor allem in Amerika gehen jedes Jahr neue Religionen aus dem Christentum hervor und rekrutieren zahlreiche Anhänger", dann könnte man glauben, in den hundert Jahren, die seit der Veröffentlichung vergangen sind, habe sich nichts Wesentliches ereignet. Apollinaire, vielmehr der journalistische Erzähler, den er fingiert, bedauert nun, dass Europa im Vergleich mit der angelsächsischen Welt arm an Ketzern geworden sei. Priester verließen zwar die Kirche, wenn sie heiraten wollten, aber zu einem regelrechten Schisma oder einer Irrlehre bringe man kaum mehr die Kraft auf.

Einen will er nun gefunden haben: den exkommunizierten Ordensgeistlichen Benedetto Orfei, ganz nach dem satirischen Muster des feisten, feinschmeckerischen Kirchenfürsten gezeichnet. Er besucht ihn in seiner Villa und lässt sich die Irrlehre erklären. Sie hatte den Geistlichen während einer Meditation über die göttlichen Personen förmlich überfallen in Gestalt eines volkstümlichen Kehrreims: „Es waren drei Männer / Auf Golgatha, / Wie sie auch im Himmel / Eine Dreieinigkeit sind!"

Gottvater und Heiliger Geist sind nach Orfeis Lehre gleichfalls Mensch geworden – sie nämlich waren die beiden Räuber, die neben Christus gekreuzigt wurden. Gottvater sei nicht wirklich zum Verbrecher geworden (er habe nur seine Allmacht gegen sich selbst gekehrt), wohl aber der Heilige Geist aus Liebe zur menschlichen Natur, die nun einmal infam sei.

Orfei wird dem Exorzismus unterworfen, aber weil er nicht wirkt, glaubt der Erzketzer nur umso fester an seine Privatoffenbarung. Schließlich wird er aus der Kirche verstoßen. Er wird Oberpriester seiner Sekte, zu der sich neben der Dienerschaft nur zwei fromme Frauen bekennen und ein paar Bauernkinder, denen er Religionsunterricht erteilt.

Was Apollinaires Ketzergeschichte lehrt, ist die Plattheit der Häresien. Wenn es nämlich die Dreifaltigkeit
war, die in Europa die Philosophie vor eine kaum lösbare
Herausforderung stellte, indem sie die subtilsten begriff-
lichen Strukturen und Techniken zu ihrer Bewältigung
verlangte, dann bedeuten die Ketzereien eine Kapitulati-
on vor der Zumutung der Trinität: Dann soll Christus
Gott gewesen sein, aber nicht auch Mensch, oder ein her-
vorragender Mensch, aber nicht Gott. Welche Erleichte-
rung des Glaubens! So wie der anschauliche Kurzschluss
von den drei Männern am Kreuz.

Das leere Grab

Als der Kaiser Augustus tot war, wurde er von den Staats-
priestern für unsterblich erklärt. Livia, seine Witwe,
schenkte „eine Million Sesterzen einem gewissen Nume-
rius Atticus, einem Senator und ehemaligen Prätor, der
unter Eid aussagte, er habe den Augustus in den Himmel
auffahren sehen". So berichtet es der Historiker Cassius
Dio. Augustus wird auf einem Scheiterhaufen feierlich
verbrannt, „ein Adler aber, den man freiließ, stieg empor,
als trüge er die Seele des Augustus himmelwärts". Im antiken Rom lief alles auf politische Machination hinaus;
die Religion war Staatssache und die Philosophie kaum
mehr als ein willkommener Schmuck der Redekunst.
Unsterblichkeit war Privileg, Helden und Herrschern
vorbehalten, Schlusspunkt und Bestätigung eines ruhm-
vollen Lebens.

Geld fließt auch, als das Grab am Ostersonntag leer
ist, nur fließt es in umgekehrter Richtung. Die Wachen
melden den Hohepriestern den unerhörten Vorgang. „Da
versammelten sie sich mit den Ältesten", heißt es gegen
Ende bei Matthäus, „hielten Rat und gaben den Soldaten
reichlich Geld mit der Weisung: Erzählt, seine Jünger sind

in der Nacht gekommen und haben ihn gestohlen, während wir schliefen." Die Verherrlichung Christi nach dem Kreuzestod kehrt die gesamte heidnisch-antike Logik um. Ihr Sinn ist der Himmelfahrt des Kaisers geradezu entgegengesetzt. Die Verklärung folgt aus dem Leiden, nicht aus dem Ruhm: „Würdig ist das Lamm, das geschlachtet wurde, Macht zu empfangen und Reichtum und Weisheit, Kraft und Ehre und Herrlichkeit und Lob", heißt es in der Offenbarung des Johannes.

Vorangegangen war der Prophet Jesaia, als er von dem Leiden des Gottesknechts als einer Bedingung der Messianität sprach: „Unsere Krankheiten hat er getragen, unsere Schmerzen hat er auf sich geladen, doch wir hielten ihn für einen Geschlagenen, den Gott getroffen und gebeugt hat." Aber bei Jesaia folgen gleich wieder nationale Verheißungen – „Deine Nachkommen werden Völker in Besitz nehmen" -, von denen im Neuen Testament nicht mehr die Rede sein kann.

Die „Auferstehung des Fleisches", das Osterversprechen, ist schwer zu fassen; eine Meinungsumfrage unter den Deutschen hat es bestätigt. Vielleicht hilft ein Vergleich weiter. In der Glaubenswelt Asiens gibt es ein Fortleben, aber es liegt in der steten Verwandlung, in immer neuen Inkarnationen, bis der irdische Ballast abgearbeitet ist und, nach der Lehre Buddhas, die befreite Seele ins Nirwana eingeht. Irgendwann also zählt hier die Person nicht mehr; sie ist vielmehr das letzte Hemmnis vor der Befreiung. Dagegen setzt die Kirche ein Verwandlungsverbot: Du bist definitiv dieser Einzelne, nichts ist aufzuschieben in eine künftige Reinkarnation. Die Person geht in der Heilsgeschichte nicht unter. Kein „Beweis", sicher. Aber ein Hinweis darauf, was im Christentum gemeint ist.

Angebot und Ultimatum

Vom Missionsauftrag des Auferstandenen an seine Jünger, die Frohe Botschaft in aller Welt zu verkünden, berichten alle Evangelisten. Markus aber hat gegen Ende noch spezifische Worte an die Jünger: „Denen aber, die glauben, werden diese Zeichen folgen: In meinem Namen werden sie Dämonen austreiben, in neuen Sprachen reden; Schlangen werden sie aufheben, und wenn sie etwas Todbringendes getrunken haben, wird es ihnen nicht schaden; Kranken werden sie die Hände auflegen, und die werden gesund werden."

Diese Worte, die letzten, die Jesus bei Markus spricht, sind eine besondere Zumutung. Man versteht sie nur dann, wenn man annimmt, dass alles hier Genannte – die Dämonen wie die Schlangen, die Gifte wie die Krankheiten – eine einzige Ordnung ausmacht, und das ist nicht die der naturwissenschaftlichen Medizin, die es ja damals schon der Konzeption nach gab, sondern eine, in der das Unheil vom Teufel, vom Widersacher geschickt wird. Gegen dieses nun „feit" der Glaube.

Goethe hat einmal gesagt, das „eigentliche, einzige und tiefste Thema der Welt- und Menschengeschichte, dem alle übrigen untergeordnet sind", bleibe „der Konflikt des Unglaubens und Glaubens". Die Ansicht der Bibel ist noch um eine ganze Dimension dramatischer. Und es ist doch merkwürdig, dass gerade Goethe, der seinen Mephisto kannte, hier unterhalb der eigenen Einsicht blieb. Für die Bibel nämlich wie für den Doktor Faust gibt es keinen schlichten, gleichsam unschuldigen Unglauben. Es gibt den Kampf mit der Schlange – damit beginnt die menschliche Geschichte – und am Ende, in der Offenbarung des Johannes, den Kampf mit dem Drachen, mit dem die Weltgeschichte sich abschließt. Schlange, Drache, Satan und Teufel sind ein und derselbe Akteur. Seine Werke: Verleumdung, Verfolgung, Versuchung, Anklage. Alles, was der Integrität des Menschen Schaden zufügt, stammt von ihm.

Eigentlich also stellt sich ein Ultimatum. Und das ist mehr als ein bloßes „Angebot" Gottes, mit dem derzeit häufig von kirchlichen Gemeinschaften geworben wird. Wie so vieles Gutgemeinte kommt das Wort „Angebot" aus der Wirtschaftssprache und hat auch nur dort seinen Sinn. Sicher, man will nicht wie fanatische Wanderprediger den Schäfchen gleich mit dem Höllenfeuer einheizen, aber in der Sache führt am Ultimatum doch kein Weg vorbei. „Wer glaubt und sich taufen lässt", sagt Christus vor den erwähnten Sätzen, „wird gerettet. Wer aber nicht glaubt, wird verdammt werden."

Der Drache führt einen Krieg. Das Neue Testament hat diese Ansicht der Weltgeschichte vom Alten Testament geerbt und wie alles andere aus dem rein nationalen Zusammenhang gelöst und verallgemeinert. Am „Herrn der Heerscharen" ändert auch eine Theologie der Liebe nichts.

Heiliger Geist, wahre Sprache

Paulus kommt nach Ephesus. Er trifft auf eine Gruppe, die sich „Jünger" nennt. „Habt ihr auch den Heiligen Geist empfangen, als ihr gläubig wurdet?" Sie antworteten ihm: „Wir haben nicht einmal gehört, dass es einen Heiligen Geist gibt." Ganz so wird es heute nicht mehr sein, vor allem nicht an Pfingsten. Aber es bleibt doch eine Tatsache, dass die dritte Person der Dreifaltigkeit am schwersten zu fassen ist und sich der bildlichen Vorstellung erst einmal verweigert.

Bevor man sich auf die dogmatischen Feinheiten einlässt, muss man deshalb zur Sache selbst zurückgehen. Der Heilige Geist, sagt das Nicänische Bekenntnis, wird verehrt, wie er durch die Propheten gesprochen hat. Was heißt das aber? Was tut ein Prophet, was zeichnet ihn aus? Auch das ist nicht ganz leicht einzugrenzen. Er mahnt zur Umkehr, er geißelt Verirrungen im Kult, er droht den Feinden wie den Ungehorsamen im eignen Volk, er stellt Bilder des kommenden Heils vor Augen, oft in der Form von Visionen, er hört die Stimmen von Engeln. In einem Wort: Der Prophet ist es, der im Alten Testament den innergeschichtlichen Moment in seiner heilsgeschichtlichen Bedeutung erkennt und auslegt. Das Geschehen wird ihm so transparent, dass er in ihm den Willen Gottes erkennen kann. Und dies muss die erste, die Haupt-Gabe des Heiligen Geistes sein.

An Pfingsten tritt dieser Geist hervor, als Brausen und in Feuerzungen zu Häupten der versammelten Brüder. Vor allem aber in den vielen Sprachen, mit denen sie vor das sehr gemischte Volk in Jerusalem treten, und nun, von diesem Datum her, ist der Weltkreis der Horizont der Verkündigung, nicht mehr das jüdische Land allein. Pfingsten ist damit das eigentliche Gründungsdatum der Kirche. So viel zur Geschichte des Heiligen Geistes, seinem historischen Wirken. Man kann aber noch einen Schritt weitergehen, der in die Richtung der Mystik führt. Dann stößt man auf die Idee einer „wahren Sprache", einer Sprache der Wahrheit. Die Hoffnung, Zugang zu dieser Sprache zu bekommen oder ihre Beschaffenheit auch nur zu ahnen, ist die Seele der Mystik, ihre Grundvoraussetzung. Die heilige Sprache kann nicht nationalsprachlich gemeint sein, auch nicht im Sinne einer Ursprache, die nur der eigentümliche Besitz eines Volkes wäre.

Die heilige Sprache ist jene, in der die Dimensionen des Göttlichen Ausdruck finden: die Majestät, die Strenge, die Lehre, das Dogma – aber ebenso sehr die Liebe, selbst die Poesie. Und mit einem Schlag erkennt man: Genau dies ist ja schon die Sprache der Bibel, wenn man sie als Ganze betrachtet. Sie kennt die Strenge Gottes (den „Grimm", wie Jakob Böhme diese Schicht genannt hat) ebenso wie die Liebesdichtung des Hohen Liedes. Sie ist die Integration der Sprachen in einer höheren, in der heiligen Sprache.

Böse und gute Geister

Besuch einer Studentengruppe in der Zeitung. Man will wissen, ob ich schon einmal einen Artikel nachträglich bedauert habe. Ja, einen ganz besonders. Der Anlass war eine Ausstellung im Dresdner Hygienemuseum über Behinderung und Kunst, bei der ich zum ersten Mal die Bilder des Mannes sah, der sich Blalla W. Hallmann nannte. Eine starke Explosion des Blasphemischen, ein virtuoser, aber übler Mikrokosmos, satanisch verzerrt. Christus und die NSDAP, Gott und der Dollar, Hölle, „Himml" und Feuer, Pornographie. Die Muttergottes über Disney-Figuren. Grell und meisterlich in der Ausführung.

Dagegen gehalten, erscheint selbst Martin Kippenbergers gekreuzigter Frosch fast harmlos. Hallmann, 1941 geboren, war durch die dämonischen Welten gegangen und hatte sich von ihnen nicht mehr lösen können. 1969 kam er in die Psychiatrie, danach zerstörte er alle seine Bilder, deren er habhaft werden konnte. Und als ich dann darüber schrieb, zog ich mich mit Floskeln aus der Affäre, lobte Komik und Kraft.

Dabei lag hier das, was man Besessenheit nennt, auf der Hand. Nur hat man sich daran gewöhnt, von „Obsessionen" nur noch als etwas durchaus Positivem zu reden. Was ich hätte schreiben müssen, wenn ich damals nicht den Weg des geringsten Widerstands gegangen wäre, hätte etwa so lauten können: Hallmann war nicht „behindert", er war besessen, im alten, strengen Sinn, er hatte bösen Geistern in seiner Kunst Raum gegeben.

Und das einzig Gute, was man von seinen Bildern sagen kann, ist, dass sie noch etwas von der Qual, dem Kampf und Krampf deutlich machen, die ihm diese Revolte bedeutet haben muss. Sie ist ihm nicht leicht gefallen, sie muss ihn geradezu verzehrt haben – während die übrige Blasphemie der Heutigen wohlfeil geworden ist, gedankenlos und bequem lebt von ihr jedes Kabarett. So ungefähr sprach ich zu den Studenten, aber ich konnte in ihren Mienen nicht lesen, was sie nun daraus machten.

Es gibt keine Gottesbeweise mehr, und man braucht sie wohl auch nicht. Was das Anbetungswürdigste ist, muss sich ohne scholastische Logik erweisen. Aber dass es böse Geister gibt, weiß ich nun, und dass es Engel gibt, kann ich, mir selbst jedenfalls, beweisen. Denn das Heilige kann ich mir nicht denken ohne die reine Fülle seiner Mitteilungen. Wenn es eine Beziehung zwischen Gott und Mensch gibt, dann gibt es Engel.

Die Bibel hat aus ihrer unzähligen Schar drei namentlich hervorgehoben: Raphael, der im Buch Tobit als unmittelbarer Helfer und Beistand des Einzelnen erscheint; Gabriel, der Gottes Wort bringt und auslegt, dort, wo es zu einer Zäsur wird (also gegenüber dem Propheten Daniel und Maria), schließlich Michael, der in der entscheidenden Krisis auf der Seite des Volkes Gottes, wo es in seinem Bestand bedroht ist, als Führer der Streitenden eingreift.

Gesunde und kranke Lehre

Der Freund, mit dem ich über die Briefe des Paulus spreche, weist mich auf eine ungewöhnliche Formulierung hin. In seinen Briefen an Timotheus spricht der Apostel von der „gesunden Lehre", und das nicht einmal, sondern mehrmals. Es mag den Heutigen merkwürdig erscheinen, dass die Sprache hier natürlich, fast naturalistisch wird oder „biologistisch", wie der Anwurf wohl lauten könnte.

Zunächst wird man die Übersetzung prüfen, ob nicht ein ganz anderer Sinn gemeint war. Aber so will es der Text: Das Wort, das der Apostel – oder wer immer in seinem Namen die Briefe schrieb – benutzte, hat die gleiche Wurzel wie „Hygiene" – es ist also wohl die Sache gemeint. Und es ist gerade die Gesundheit der Lehre, die den Widerstand provoziert: „Denn es wird eine Zeit kommen, in der die Menschen die gesunde Lehre nicht ertragen, sondern sich nach eigenen Wünschen Lehrer zusammensuchen, weil sie nach Ohrenkitzel verlangen." Die „ungesunde" Lehre wäre also die jeweils interessantere, originellere, faszinierende, neue, moderne, undogmatische oder wie immer die werbenden Umschreibungen auch lauten mögen. Man will es „einmal anders". Paulus nennt diese Ideen kurzerhand „Fabeleien".

Was aber sagt nun die „gesunde Lehre", die die Menschen „nicht ertragen" werden? Gemeint sei wohl, so glaubt der Freund, die Dreifaltigkeit, denn sie stelle eine extreme Zumutung dar. Dann wäre die Irrlehre ein Nachlassen der geistigen Anstrengung, ein Nachgeben. Aber vielleicht muss man doch beim Wort selbst ansetzen. Was heißt gesund, was krank? Ein gesunder Körper ist einer, bei dem jede Bewegung ungehindert verläuft, in einer geschmeidigen Sequenz, im Zusammenspiel der Glieder. Krankheit dagegen bedeutet, ein Punkt wird störend bemerkbar, er hält die Bewegung auf und macht sie anmutlos. Denn er beansprucht eine ungebührliche Aufmerksamkeit für sich, er drängt sich allzusehr ins Bewusstsein, während im gesunden Körper die gesammelte Aufmerksamkeit ganz dem Ziel gewidmet werden kann.

Genauso hielten es nun die „Irrlehrer", mit denen es der Apostel tatsächlich zu tun bekam. Sie drangen auf besondere Punkte, sie waren an irgendeiner Stelle „ultra", übermäßig empfindlich in ihrer Praxis, sie wollten hundertfünfzigprozentig sein – immer ein Warnzeichen. Im Falle des Paulus waren es nun offenbar Leute, die aus dem Christentum eine Art von asketischem Vegetarismus machen wollten: „Sie verbieten zu heiraten und fordern auf, sich von Speisen zu enthalten, die Gott geschaffen hat, dass sie mit Danksagung genossen werden von denen, die zum Glauben und zur Erkenntnis der Wahrheit gelangt sind." Nach dieser Lesart wäre die Irrlehre nicht ein Nachlassen der geistigen Spannung, sondern gerade eine Doktrin ausschließlich von und für Frömmigkeitsvirtuosen mit speziellen Sonderdogmen. Damit hätte man Sekten bilden können, aber keine Kirche.

Jesus, Maria und der Koran

Jesus Christus und Maria sind für die Muslime keine Fremden. Anders als das Judentum hat der Islam beide in seine Theologie aufgenommen und verehrt sie. Zusammengenommen passen die Aussagen des Korans über Jesus indes auf zwei Druckseiten. Zunächst der dogmatische Punkt, der manchem als bloßes Theologengezänk vorkommen mag: Jesus gilt den Muslimen als Gottes Gesandter, nicht als der Sohn. „Es kommt Gott nicht zu, dass er ein Kind nimmt", sagt die neunzehnte Sure. Und insofern kann man den Islam als eine Religion der Vernunft ansehen: Die Schwierigkeiten der Dreifaltigkeitslehre werden kurzerhand beiseitegeschoben.

Auch im Koran ist Jesus Sohn der Jungfrau Maria. Gott „zeugt" ihn nicht, sondern lässt ihn durch ein Wunder entstehen: „Das fällt mir leicht . . . Es ist beschlossene Sache." Die historische Umwelt, die uns das Neue Testament schildert, fällt aus. Jesus, eben zur Welt gekommen, spricht zum Volk: „Ich bin Gottes Diener . . . Er hat mir das Gebet und die Abgabe anbefohlen, solange ich lebe."

Jesus lehrt also nichts anderes als die Grundgebote des Islam. Und vor allem: In dieser Lehre erschöpft sich sein

Wesen auch schon. Wenn er für das Neue Testament jener ist, der als der Sohn die an Leib und Seele Beschädigten heilt, so heilt er für den Koran auf Allahs Weisung, er bleibt der Prophet.

Er hat nicht am Kreuz gelitten. In der Polemik gegen die Juden sagt die vierte Sure des Korans, Gott habe das Volk der Schrift „versiegelt", weil sie „nicht glaubten, Maria mächtig verleumdeten und sagten: ‚Wir haben Christus Jesus, den Sohn Marias, Gottes Gesandten, getötet.' Sie haben ihn aber nicht getötet und nicht gekreuzigt, vielmehr wurde ihnen der Anschein erweckt." Aus der mensch-göttlichen Dramatik des Neuen Testaments wird der Kern herausgenommen, das Leiden wird so entwirklicht wie die Herrlichkeit.

Hegel, der Philosoph, hat von Allah gesagt, sein Zeichen sei die „Verhältnislosigkeit". Menschliche Gliederungen haben vor diesem Gott nicht nur keinen Bestand, sie können schlechterdings keine Rolle spielen, wo nur der stets wiederholte Allmachtsbeweis erbracht werden muss. Allah wendet sich Einzelnen zu, die aus jedem geschichtlichen Kontext gelöst sind.

Und wie im Falle Jesu der Koran der Zuwendung Gottes ihre Konkretheit nimmt, so kann er andererseits der

Gottferne, dem Hadern und Rechten mit Gott, wie es sich im Buch Hiob findet, keinen Platz in seiner Lehre geben. Wer zweifelt, leugnet. Die Schwingungsweite der Bibel zwischen Frömmigkeit und Verlassenheit erreicht der Koran nicht: Von Hiob weiß er nur, dass er „standhaft" blieb. So ähnelt Allah dann doch eher einem Despoten, der seine Allmacht manifestiert, je willkürlicher, umso eindrucksvoller. Insofern hat die „Islamophobie" in Europa, die vielfach beklagt wird, auch einen rationalen Kern.

Das Zeichen des Antichrist

Im letzten Buch der Bibel treffen wir alte Bekannte wieder, nur sind sie größer geworden. Aus der Schlange des ersten Bibel-Buches wird der Drache. Die zwölf Stämme des auserwählten Volkes verwandeln sich in die 12 mal 12 mal 1000, also 144000 Geretteten. Und wo früher, in der Zeit von Jesaias und Jeremia, nur Gegenverkünder, falsche Propheten auftraten, begegnet uns nun, nachdem der Messias erschienen ist, auch sein Negativ: der Antichrist. Er ist Jesus so ähnlich wie die Parodie dem Original. Christus erschien im Bild des Lamms, der Antichrist als Tier, das aus dem Meer heraufsteigt. Auch eine Wunderheilung – an sich selbst – kann er vorweisen.

Die Offenbarung des Johannes ist ein schwieriges Buch, es kann zur falschen Aktualisierung der Bilder des Weltendes verführen. Und so hielt es Luther, der in der aufgewühlten, sektiererisch-revolutionären Epoche der Reformation genau wusste, wovon er sprach, für das Werk, an dem sich „Schwarmgeister und Rotten" mit Vorliebe inspirierten.

Es gibt aber auch das ernsthafte Nachdenken über apokalyptische Zeichen. Der russische Religionsphilosoph

Wladimir Solowjew verfasste vor gut hundert Jahren seine „Kurze Erzählung vom Antichrist". Nur: bei dem Wort „ernsthaft" stocken wir schon, denn Solowjews Werk, eine negative Utopie unseres, des einundzwanzigsten Jahrhunderts, die man gut und gerne mit Orwells „1984" vergleichen kann, ist eben auch so witzig und geistvoll, wie man es von einem an Gogol und der literarischen Groteske geschulten Autor erwarten kann.

Als genialer Wohltäter der Menschheit tritt der Antichrist auf, er hat eine bahnbrechende Schrift verfasst, die alle Probleme lösen wird: „Der offene Weg zu Frieden und Wohlfahrt der Welt". Längst haben sich die Vereinigten Staaten von Europa konstituiert, ja ein laizistisch-fortschrittliches Weltkaisertum ist entstanden. Nun – wir schreiben das Jahr 2077 – beruft der Kaiser-Antichrist ein Konzil in Jerusalem ein. Allen Konfessionen verspricht er ihr jeweils Liebstes. Bis auf eines, den Kern.

Die Orthodoxie erhält für ihre Ikonen und liturgischen Riten ein großes „Weltmuseum der christlichen Archäologie" in Konstantinopel. Den Protestanten, die mit einer prominent besetzten Delegation aus Tübingen angereist sind, sagt er die Errichtung eines „Weltinstituts für freie Erforschung der Heiligen Schrift" zu. Soeben hat ihm ja die Tübinger theologische Fakultät den Ehrendoktor verliehen. Die Katholiken will er mit dem Prinzip der Autorität ködern, das sich naturgemäß in ihm selbst verkörpere. Eine universelle „Zivilreligion" ganz eigener Prägung, mit elektrischen Wundern gestützt, soll allgemeines Bekenntnis werden.

Benedikt XVI. hat in seinem jüngsten Buch „Jesus von Nazareth" nachdrücklich auf Solowjews tiefernsten Scherz hingewiesen. Aufwendig inszenierte, aber entkernte Religion – ist sie das Zeichen des Antichrist?

Kapitel III

Praktiken:
Die Heilige Überlieferung

Gebet und Sünde

Vom Gebet redet man nicht in Gesellschaft. Neulich aber, der Abend war länger und persönlicher geworden, brachte der Freund einen Ausspruch vor, den er Léon Bloy zuschrieb: „Wer Gott inständig um Leiden bittet, der wird erhört werden." Witzig, extremistisch und fragwürdig wie so vieles von dem französischen Polemiker, am Ende zynisch und grundfalsch. Aber im Nachdenken darüber kommt man vielleicht doch auf das Richtige. Auch das Gebet hat eine Geschichte. In den altindischen Hymnen des Rig Veda wurden, vor mehr als dreitausend Jahren, die Götter mit preisenden, dichterisch gebundenen Worten zum Opfermahl geladen. Erwartet wurden von ihnen dafür Sieg, Reichtum und Nachkommenschaft; eine typische Hymne an Indra betet so: „Bring den gewinnbringenden Reichtum, / den siegreichen, stets überwältigenden, / den höchsten zu unserer Hilfe."

Die Betenden nannten sich selbst „Arya", die Edlen, gemeint war wohl: die Besten. Und nur zögernd meldet sich in diesen Hymnen das Empfinden, als Mensch vor den Göttern nicht bestehen zu können; einmal finden wir einen ersten Anflug dieser Regung: „Dieser euer Lobgesang möge mit der Nahrung eine Abbitte für meine Person herbeibitten." Natürlich wusste auch Altindien, dass die Menschen sich gegen das Göttliche vergehen können, aber das betraf Einzelne, war noch nicht der Stand des Menschen schlechthin.

Von hier aus wird deutlich, was mit dem Gebet seither geschehen ist. Altes wie Neues Testament sprechen es als Zeichen einer Umkehr. Man ist abgefallen, nicht zufällig, sondern wiederholt, gleichsam habituell. Meist als Volk im Alten, als Einzelner im Neuen Testament – man ist eigentlich immer der verlorene Sohn, der bekennt: „Vater, ich habe mich gegen den Himmel und gegen dich versündigt; ich bin nicht mehr wert, dein Sohn zu sein. Der Vater aber sagte zu seinen Knechten: „Holt schnell das beste Gewand und zieht es ihm an."

Das Gebet, um es einmal überspitzt zu sagen, bittet zunächst und vor allem um seine eigene Ermöglichung. Weiter aber nicht um die Erfüllung beliebiger Wünsche, sondern um die Wiederherstellung jener körperlichen, seelischen und geistigen Integrität, die für ein Leben vor Gott nötig ist. Die Betenden wissen vor allem eines: dass sie Sünder sind.

Zurück zu Léon Bloy und seinem Wort über das Gebet. Sollte er es wirklich gesagt haben? Immerhin sehnte er sich geradezu nach Qual und Martyrium. Bloy, der in manchen Kreisen katholischer Reaktionäre bis heute in höchstem Ansehen steht, hätte dann eine ganz unchristliche Auffassung vertreten. Bei Lukas sagt Jesus: „Wo ist unter euch ein Vater, der, wenn ihn sein Sohn um einen Fisch bittet, ihm statt des Fisches eine Schlange gäbe? Oder wenn er ihn um ein Ei bittet, ihm einen Skorpion gäbe?" Wir können nicht mehr wie die Inder, aber wir müssen auch nicht wie Bloy beten.

Fromm und gläubig

Wer ein Ohr für sprachliche Nuancen hat, wird zwischen Frömmigkeit und Glauben einen leisen Abstand hören. Die beiden Haltungen lassen sich kaum voneinander ablösen, aber ganz identisch sind sie doch nicht. Es gibt Fromme, die beim Katechismus leicht in Verlegenheit geraten können, wie es auch theologisch versierte Menschen gibt, bei denen doch etwas zu fehlen scheint.

„Fromm" kann man nämlich ganz diesseits einer ausformulierten Gottesidee sein. Fromm in diesem Sinne war die heidnische Antike. Jeder Altar war ursprünglich ein Hausaltar, an dem man den Göttern und den Ahnen opferte. Frömmigkeit, Pietas, war für die Römer die selbstverständliche Haltung im Angesicht eines heiligen Bezirkes, die auch die Achtung der Ahnen einschloss. Und so war das Muster eines frommen Menschen der Held Aeneas („pius Aeneas"), der Troja-Flüchtling, auf dessen Tat die Römer ihre Stadtgeschichte zurückführten. Aeneas hatte seinen Vater auf dem Rücken aus dem brennenden Troja getragen und auch nicht die „Penaten" vergessen, die Gottheiten, unter deren Schutz der je eigene Herd, Haushalt und die eigene Familie stehen – in denen die Seelen der Ahnen nachwirken. „Fromm" ist Aeneas, weil er den Göttern opfert, aber auch, weil er zugleich den Vorfahren die ihnen gebührende Ehre erweist.

Eine stille, dem Wort abgewandte Achtung des Heiligen in der Lebenspraxis nennen wir „fromm" – das hat uns die heidnische Antike mitgegeben. So tritt der fromme Mensch schon an sich in einen Gegensatz zum Fanatismus. Und man möchte meinen, dass ohne diesen dem „Glauben" weit vorausliegenden Sinn die theologische Vernunft ohne Grundlage bleibt, zur Rationalisierung im fragwürdigen Sinn werden kann. „Frömmigkeit" ist das Einfachere und Elementare, sie hat wenig zu tun mit der vagen „Spiritualität" und schon gar nichts mit Esoterik – jenen Glaubensformen, die heute den kirchlich Ungebundenen so lieb und teuer sind. In Japan findet man in jedem Haus eine Ecke, die den Göttern und Ahnen gewidmet ist, meist geschmückt entsprechend der Jahreszeit. Hier, viel mehr als im westlicherseits angesehenen Zen-Buddhismus, ist die Frömmigkeit zu Hause, die auch den Aeneas auszeichnete.

Man kann solche Praktiken nicht künstlich wieder aufforsten. Und sicher gibt es im Christentum Gedanken, die einer ungebrochenen Verehrung der Ursprungsmächte entgegenstehen. Aber ganz ohne Spuren dieser Frömmigkeit wird der Glaube wohl nicht überleben. Es war der Kirchenlehrer Franz von Sales, der sich für die Liebe zur Herkunft – und nichts anderes meinte der Kult der Ahnen – eine theologische Würde zumindest vorstellen konnte. Das muss sich in der Erziehung niederschlagen. Aber dafür gibt es kein Curriculum und kein Rezept, nur, im geglückten Fall, das lebendige Vorbild.

Schuld und Buße

Die Moderne arbeitet an einem Projekt, das kaum jemals in den Vordergrund der Aufmerksamkeit tritt: Es ist die Abschaffung der Sünde. Nicht, indem sie die Einsicht in die Sündhaftigkeit der Menschen besonders förderte und ihnen dann einen Ausweg wiese, sondern indem sie die Sünde für eine Fiktion, für nichtexistent erklärt. Wer sich trotz aller Emanzipationswellen immer noch als Sünder fühlt, der hat vielleicht ein Problem mit dem allzustrengen Über-Ich. Man kann es behandeln. Der Mensch – ein unschuldiges Naturkind. Die Beichte ist dagegen die Form, in welcher der tatsächlich autonome, der reife Mensch seiner Sünden inne wird; er nimmt die Buße an und wird losgesprochen. Der reife Mensch, nicht der künstlich infantilisierte.

Die Schweizer Bischofskonferenz hat kürzlich ein Dekret erlassen, nach dem das gemeinschaftliche Sündenbekenntnis in Bußfeiern mit Generalabsolution zurückgenommen wird. Die Erteilung der Generalabsolution sei nur in der Todesgefahr gerechtfertigt. Unentbehrlich bleibe die persönliche Beichte, das Bekenntnis der spezifischen Sünden. Hans Küng hat diesen Entscheid sogleich einer „allgemeinen Restaurationshysterie" zugeordnet.

Die Bischöfe hatten sich auf Johannes Paul II. berufen, der in seinem Apostolischen Schreiben „Misericordia Dei" erklärt hatte, man verliere auf Grund einer „willkürlichen Ausweitung der Bedingung einer schweren Notlage" praktisch die „Treue zum göttlichen Charakter des Sakramentes aus den Augen und konkret die Notwendigkeit der Einzelbeichte".

Kaum hatten die Schweizer Bischöfe indes ihr Dekret erlassen, da versuchte ein katholischer Laienverein im Bistum Basel, der sich „Tagsatzung" nennt, die Sache zu konterkarieren, und bot eine alternative Versöhnungsfeier an, welche die Menschen in ihrer Situation „abholen" soll. Man muss dieses Dokument nur lesen, und man versteht die Sorge Roms um die Liturgie.

Die Feiern werden, wie es bei der „Tagsatzung" heißt, „besinnlich und kreativ, feinfühlig und verantwortungsbewusst gestaltet". Und so geht das: „Raum in halbdunkles Licht tauchen, eher schummrig, oder Kerzenlicht verwenden; Wasserbecken (je größer, desto besser; mindestens in der Größe eines Kinderbassins, entsprechend verschönern); schwimmende Unterteller, die auch noch schwimmen, wenn man eine Rechaudkerze draufstellt

(zum Beispiel Pflanzenuntersetzer, entsprechend ver-
schönert); kreisrunde leichte Papierrondellen, die auf die
Pflanzenunterteller passen; Filzstifte." Mit den Filzstiften
werden Verfehlungen und Wünsche aufs Papier geschrieben, dieses legt man in einen der schwimmenden Unterteller. Aber wieso überhaupt noch Filzstifte und nicht
gleich Fingerfarben?

Arbeit und Sonntag

Es gibt auch heute Marxisten, von denen sich manches lernen lässt. Und zwar gerade dann, wenn man von ihren Argumenten aus weiterzudenken versucht. Auf den heute achtzigjährigen Berliner Sozialphilosophen Peter Furth sei diesmal hingewiesen. Marxist ist dieser Mann in einem durchaus traditionellen Sinn geblieben, ganz gegen den Trend der linken Ideologie, die inzwischen nur noch von Konstruktion und Kommunikation wissen will.

Dagegen hat Furth immer den Wert des Begriffs der konkreten Arbeit betont, im Widerspruch gegen alle Auflösung der menschlichen Tätigkeit in luftigere Sphären. Er erinnert an das „unentwegte Insistieren Marxens auf der Naturabhängigkeit der Arbeit. Unnachgiebig besteht er darauf: Wer von Arbeit in der Abstraktion von der Natur spricht, meint nicht die wirkliche Arbeit." Allerdings ist Furth, so sehr er das Konkrete retten will, doch dem materialistisch-aufgeklärten Dogma verhaftet geblieben, nach dem die Religion ein bloßer Überbau sei – mithin für die Analyse der materiellen Basis nichts hergeben könne.

Und hier bietet sich die Möglichkeit, den Marxisten mit seinen eigenen Waffen – nein, nicht zu schlagen, denn es geht um eine zivilisierte Debatte – auf eine Lücke seines Arguments aufmerksam zu machen. Gerade wenn man von der Arbeit ausgeht, wie es Furth tut, dann bemerkt man sofort, dass diese im abstrakten Reinzustand überhaupt nicht vorkommt. Sie hat eine Zeitgestalt. Arbeit ist kulturell und kultisch reguliert, sie steht immer und überall in einem Wechselverhältnis zur Zeit des Festes, des Opfers. Wer von der Arbeit reden will, von der konkreten, darf deshalb vom Sonntag nicht schweigen.

In der Regelung dieses Rhythmus, also im Kalender, finden die Kulturen ihre allererste rationale Aufgabe. Wir haben die Sieben-Tage-Woche übernommen aus dem Alten Testament, wie dieses sie von den nahöstlichen Nachbarn übernommen hatte und sie von den sieben Planetengöttern auf die sieben Schöpfungstage des einen Gottes umstellte. Etwas Vergleichbares gibt es wohl überall, etwa in dem Festkalender, wie ihn Ovid für das heidnische Rom nur halb vollendet hinterließ. In dieser realistischen, nicht mehr materialistischen Sicht der Arbeit bildet der Kultus ein notwendiges Moment des Ganzen. Religion ist eben nicht „Überbau", sondern „Basis" selbst.

Wie die Arbeit im Alten Testament eine göttlich gebotene Pflicht ist (und es deswegen das „Recht auf Faulheit" nicht gibt, das Marxens Schwiegersohn Paul Lafargue propagierte), so ist andererseits mit der Einsetzung eines heiligen, eines Ruhetages die Menschheit aus dem reinen Arbeitsgefängnis befreit. Man sagt wohl nicht zu viel, wenn man in dieser Skandierung der Zeit eine erste Form sieht, in der die Würde des Menschen zum Ausdruck kommt. „Unbedingte Tätigkeit, von welcher Art sie sei, macht zuletzt bankrott", sagt Goethe. Dass sie gegen die allmähliche Ausweitung der Sonntagsarbeit eintreten, ehrt die Kirchen.

Gottesdienst und Gemeinde

Die innere Geschichte, die das Alte Testament erzählt, ist trotz aller farbigen, im Einzelnen oft verwirrenden Wendungen sehr einfach. In mehreren Stufen klärt sich, gegen fortwährenden Widerstand und Rückfall, die Idee Gottes, es bildet sich der Gottesdienst, und schließlich wird das Gotteshaus gebaut. Noch in der Richterzeit handelte es sich ja um die Bundeslade, die an die Wanderung, die Zeit der Zelte erinnerte.

David als König macht erst Jerusalem zum kultischen Zentrum, und erst sein Sohn Salomo lässt den Tempel erbauen. Dies ist der Höhepunkt des Alten Testaments, und alles Weitere ist Niedergang, babylonische Gefangenschaft – und dann Restauration des Tempels durch Esra. Die Makkabäer verteidigen den Tempel ein letztes Mal gegen die Schändung fremder Mächte und reinigen ihn. Auch die Visionen und Bilder der Propheten künden am Ende immer nur von dem einen: dem wiedererrichteten Haus Gottes auf dem Berg Zion, der Wiederkehr des Hauses David.

Der Gottesdienst ist in den kleinsten Einzelheiten bestimmt, angefangen bei den Gewändern der Priester –

welcher Stoff darf dabei verwendet werden, welcher nicht? – und ihrem krönenden Diadem. Wie der Vorhang vor der Bundeslade aussehen muss, welche Farben er tragen soll. Wie der Leuchter, der Altar und das kupferne Becken gestaltet sein sollen. Wie die Opfer gefeiert und wie die Priester geweiht werden. Genau ausgewählt sind Formen, Maße und Edelmetalle auch beim Tempelbau durch Salomo. Nichts ist beliebig; jeder Punkt vielmehr durchdacht.

Wer sich die Mühe macht, diese zuerst äußerlich anmutenden Partien des Alten Testaments über Gottesdienst und Gotteshaus zu lesen, kommt aus der Bewunderung nicht heraus. Er überblickt einen Zeitraum von gut tausend Jahren, in dem sich ein kultisches Verständnis erst bildete und dann zäh gegen alle Widerstände bewahrt wurde.

Als die Kanonisierung der Heiligen Bücher abgeschlossen ist, erscheint Jesus, die Erfüllung alles Prophezeiten. Und wieder, in der Apostelgeschichte und in den Briefen der Apostel – wird der Gottesdienst behandelt. Hier trifft man auf das Wort von der „Heiligen Überlieferung", die zu wahren sei.

Nun kann man den Abstand ermessen, der uns von Altem und Neuem Testament trennt. An den Betonwänden einer Frankfurter Kirche sahen wir unlängst vor allem Kinderbilder der Passionsgeschichte auf Papier. Ein Aushang ermunterte, man möge Selbstgebackenes mitbringen, das dann, gesegnet, als Hostie dienen werde. Die Gemeinde will sich selbst und ihre Kreativität gewürdigt wissen, der Priester soll *sie* anschauen. Längst geht es nicht mehr um technische Fragen der Liturgie. Eine andere Philosophie begegnet uns. Die humanistische Demokratie ist es, die aus den Kämpfen um die Liturgie wahrscheinlich als Siegerin hervorgehen wird.

Kultus und Natur

Der religiöse Kultus gliederte in der alten Welt nicht nur sich selbst durch die Einrichtung der Abläufe und Gebete, sondern auch die Natur, er unterschied in ihr die Bereiche von „rein" und „unrein". Dabei wurde nicht im neueren Sinne hygienisch gedacht. Das 21. Kapitel des Levitikus, des dritten Buchs Moses', hält die strengen Regeln fest, die der Herr für das Priestertum verkündet: „Hat einer von deinen Nachkommen in den künftigen Generationen einen körperlichen Fehler an sich, so darf er nicht hinzutreten, um die Opferspeise seines Gottes darzubringen. Denn keiner, der einen körperlichen Fehler hat, darf sich nahen, kein Blinder und Lahmer oder Verstümmelter, keiner, bei dem ein Glied zu lang ist, keiner, der ein gebrochenes Bein oder einen gebrochenen Arm hat, kein Buckliger oder Schwindsüchtiger, keiner, der weiße Flecken im Auge hat oder an Krätze, an Flechten oder an Hodenbruch leidet."

Das ist, zugegeben, eine sehr zugespitzte Stelle. Sie weist aber darauf hin, dass man ursprünglich von einem zusammenhängenden Kosmos her dachte, in dem der Schöpfer Forderungen an die Natur der Geschöpfe stellen konnte. Wenn es nun einen tragfähigen Begriff der Moderne gibt, dann sagt er das genaue Gegenteil. Dann lässt er sich nämlich etwa so resümieren: Zwischen Natur und Kultus soll ein möglichst großer Abstand gelegt werden; an keiner Stelle dürfen die beiden Sphären sich berühren; und kein Element der einen darf als begründendes Argument in der anderen benutzt werden. Will sagen: Nicht nur in seinen Einzelheiten ist uns das Buch Levitikus fremd geworden, sondern in seinem ganzen Anspruch, vom Kultus her Bestimmungen zu erlassen, die in die Natur ausgreifen.

Und so führen alle Fragen und Themen, die heute von den Kritikern gegen die katholische und die orthodoxe Kirche ins Feld geführt werden, Frauenordination, Einsegnung homosexueller Paare und Zulassung homosexueller Priester, am Ende auf die eine Frage zurück, ob der Theologie überhaupt eine Rechtsprechung in der Sphäre des Natürlichen zukomme, ob sich also schon aus der Natur Ausschluss- und Zulassungskriterien gewinnen lassen. Hier scheiden sich, philosophisch betrachtet, die Geister.

Jürgen Habermas hat diese Entwicklung als „Versprachlichung des Sakralen" bezeichnet und als Beginn der Modernisierung und Rationalisierung überhaupt sehr positiv gewertet. An die Stelle der rituellen Heiligkeit trete eine „Freisetzung des kommunikativen Handelns von sakral geschützten normativen Kontexten", die „bannende Kraft des Heiligen wird zur bindenden Kraft kritisierbarer Geltungsansprüche".

Wer also in den genannten aktuellen Fragen, die die Kirche bewegen, wirklich argumentieren wollte, der müsste fast von vorne anfangen, besonders mit der Philosophie. Er müsste rituelle Forderungen an die Natur überhaupt erst wieder denkbar machen.

Weihrauch und Myrrhe

Weihrauch ist an sich keine Glaubensfrage, er ist wohl niemals zum Gegenstand eines Dogmas geworden. Andererseits gehört er zur Religion dazu, ja fast zu allen Religionen, also zum religiösen Prinzip, ganz wie die Kerzen. Nicht nur die Kirche räuchert, sondern auch Shintoisten in Japan, Brahmanen in Indien und Buddhisten in ganz Asien. Ein „Geruch der Heiligkeit" ist offenbar für die Sache selbst unerlässlich.

Schon das Alte Testament bringt genaue Vorschriften zum Räucherdienst, noch beim Zug durch die Wüste, noch vor dem eigentlichen Tempel. Das Buch Exodus schildert den prunkvollen, damals, in der Zeit der Zelte und der Wanderung noch tragbaren Räucheraltar: hergestellt aus Akazienholz, das mit Gold überzogen wurde. „Dazu bereitete er das heilige Salböl und das reine wohlriechende Räucherwerk, wie es der Salbenmischer herstellt." Wenn die Sterndeuter dem neugeborenen Christus Gold, Weihrauch und Myrrhe bringen, denken sie wohl auch schon an Salbung und Altar.

Warum aber wird geräuchert? Greift man zur Abhandlung des Plutarch über die ägyptische Religion, um von einem antiken Schriftsteller Auskunft zu erhalten, der selbst ein Priester der Mysterien war, dann erlebt man eine erste Überraschung. Denn gerade das Mysterium fällt hier ganz aus, Plutarch ist ein verständiger Mann, aufgeklärt nach den Maßstäben seiner Zeit, alles ägyptische Ritenwesen wird bei ihm naturphilosophisch aufgelöst: Die täglichen Räucherungen erklärt er damit, „dass die ägyptischen Priester stets größten Wert auf gesundheitsfördernde Maßnahmen legen".

Die vom Atem verbrauchte Luft, „gleichsam trüb und schwer", werde durch das Räuchern mit Harz gereinigt und gelockert, das dem Körper einwohnende „Pneuma" – die Seele – aus seiner Erschlaffung aufgerüttelt. Gegen Mittag dann zerstreue man das Feuchte, „Schlammige" der Luft mit Myrrhe. Aber es ist hier wie so oft bei verständiger Rede: Sie erklärt nicht, was sie doch erklären will, nachträglich werden Vernunftgründe aufgepropft.

Anders die biblische Begründung: Weihrauch und Gebet stehen in einem intimen Zusammenhang, sie sind sozusagen dasselbe, auf verschiedenen Projektionsflächen: „Wie Weihrauch steige empor zu dir mein Gebet", sagt der Psalm 141, und dem gibt das Messbuch ein Echo: „Mein Gebet, o Herr, werde wie Weihrauch vor Dein Angesicht gelenkt." Johannes berichtet in der Offenbarung von einer Vision, die den Zusammenhang, ja fast die Identität der Momente klarstellt: „Ein jeder trug eine Harfe und goldene Schalen voll Räucherwerk; das sind die Gebete der Heiligen."

Immer stand gegen solchen sinnlich fassbaren Dienst das Bemühen, die Bühne des Heiligen radikal leerzuräumen. Wer das will, sollte wissen, dass er sich damit nicht von beliebigen, konfessionsspezifischen Bräuchen, sondern in diesem Fall von einer fast universellen religiösen Handlung entfernt.

Zierde deines Hauses

Besuch im Frankfurter Zentrum einer protestantischen Sekte nordamerikanischer Prägung. Der Versammlungssaal erinnert an ein Bürgerhaus, wäre da nicht über der Bühne vorne ein großes schwarzes Kreuz befestigt, ein wenig von der Wand hervorgehoben – und dahinter blauschimmerndes Neonlicht. Ein Altar ist nicht zu sehen.

So erinnert die Stätte den Besucher tatsächlich an die demokratischen Ursprünge vieler protestantischer Kleinkirchen. Auffällig ist das rasante Wachstum dieser Bekenntnisse amerikanischer Herkunft, seit die Globalisierung an Fahrt gewonnen hat. Einfachheit und Direktheit der Lehre, anspruchslose Dogmatik sind das Erfolgsgeheimnis. Bevor man sich noch mit der Theologie der Gruppe beschäftigen will, ist es der Festsaal selbst, der davon abhält. Das Heilige müsste sich doch anders ausdrücken, meint man, und Neon, das harte und kalte Licht der Neuen Sachlichkeit, will dazu nicht passen. Es entspricht nun einmal nicht dem inneren Licht, das doch aufgehen soll.

Solche Gedanken sind kein äußerlicher, glaubensfremder Ästhetizismus. „Ich liebe, Herr, die Zierde deines

Hauses, die hehre Wohnung deiner Herrlichkeit", sagt der 26. Psalm. Aber wie soll man Herrlichkeit zur Darstellung bringen? Sollte sie nur auf die Heiligkeit des Wortes bezogen sein, ohne jeden Gedanken an Äußeres? Sicher, der 93. Psalm, der das Wort von der „Zierde" wiederaufnimmt, kann diese Deutung nahelegen, in der Übersetzung Luthers lautet er: „Dein Wort ist eine rechte Lehre. Heiligkeit ist die Zierde deines Hauses ewiglich." Danach könnte es scheinen, als sei das Wort der Lehre schon Zierde genug.

Aber so haben die Religionen an ihrem Ursprung in der Alten Welt nie gedacht. Alle haben sie nach einer eigenen Form der Pracht gesucht, die dem Heiligen angemessen wäre. Am eindrucksvollsten wohl in der Offenbarung des Johannes, in der Vision vom Neuen Jerusalem. Das ganze letzte Buch der Bibel ist geradezu eine Kaskade von Herrlichkeiten: alles Heilige ist in Weiß und Gold getaucht, ein Bild folgt auf das andere, weil eines allein die Vision nicht zu fassen vermag.

Und dann die Stadt, ummauert vom kostbaren Edelstein Jaspis, sie selbst „von lauterm Golde, gleich dem reinen Glase". Kern der Vision ist das überirdische Licht der Heiligkeit, die Stadt bedarf keiner Sonne mehr, sie ist bei Gott angekommen. Sie ist selbst ganz Tempel – und enthält deshalb keinen einzelnen mehr.

Geschmückt ist sie mit zwölf Arten von Edelsteinen. Dazu kommen Perlen. Wer die Apokalypse liest, hat am Ende den Eindruck des schlechthin Kostbaren als einen Inbegriff aller Herrlichkeiten. Auch der schärfste Wort-Protestantismus wird diesen Eindruck nicht aufheben können. Aus ihm folgt aber etwas für die Ästhetik der Kirchen. Wer Heiligkeit will, darf von der Zierde nicht schweigen.

Über die Wiederholungen der Bibel

Feiern ist eine Kunst. Jede Feier verlangt, dass der Gegenstand, der Grund des Festes, in immer neuen Spiegelungen erscheint. Das Licht wird vervielfacht. Nicht nur einmal soll gelobt werden, sondern jeder Lobpreis wird noch einmal ein Echo finden. Ähnlich steht es mit der Bibel, und darum ist sie so dick. Die Heilige Schrift ist ja nicht nur entlang einer Horizontale gegliedert, indem sie chronologisch erzählt, sondern auch in der Vertikale.

Sie gibt nicht eine Stimme allein, sondern einen Chor. Alles erst einmal Erzählte kommt später – mindestens! – noch einmal vor, als Gegenstand der Preisung und des Lobes, auch der Lebensweisheit. Die Engel singen bei Jesaja ihr „Heilig! Heilig! Heilig!"; das Buch Jesus Sirach lobt seinerseits den Schöpfer – „Gedenken will ich der Werke des Herrn" – und rühmt die Patriarchen, als seien die ersten Bücher der Bibel mit ihren naiven Sagen nicht genug. Die Psalmen gießen dann den Gehalt der Bibel in die Form des Gebets. Anders gesagt: Die innere Struktur des Buchs der Bücher ähnelt eher einer Orgel mit ihren vielen Registern als einem einzelnen Instrument. Und so verdienen auch die kleinen Teilbücher gute Leser, weil erst sie den Gesamtklang hörbar machen – auch die Weisheitsbücher, die in ihren Lebensratschlägen oft so hausbacken und gar nicht „theologisch" erscheinen.

Ähnlich steht es mit dem Neuen Testament. Nicht nur die Evangelien sollen sprechen, sondern auch die Apostelgeschichte und die Briefe. Warum? Die Feier braucht ja ein Gefäß, das ihren ganzen Reichtum aufnehmen kann, und genau davon handeln die Briefe. Die Apostel wollten, bei aller Vielstimmigkeit, die Kirche geordnet, nicht anarchisch, weil jede Anarchie ein Moment der Unvernunft an sich hat. Für manchen ist es heute anstößig, dass alle Formen der Über- und Unterordnung dabei bestehenblieben, ja noch einmal neu begründet wurden. Herrschaft war kein Tabuwort, sondern eine Konsequenz aus der Stellung Christi als Haupt der Kirche.

Diese Form, dieses bergende Gefäß heißt schon in der Apostelgeschichte „Überlieferung" und tritt zur Schrift hinzu. In der Kirchengeschichte des Eusebius, geschrieben am Beginn des vierten Jahrhunderts, bildet „Überlieferung" geradezu ein Leitmotiv. Einmal natürlich in dem naheliegenden Sinn: Dieses und jenes Ereignis ist dem Historiker „überliefert", mündlich oder schriftlich, und er berichtet es, oft mit sehr klugen Überlegungen zur

Zuverlässigkeit seiner Quellen. Dann aber kommt ein bestimmter Begriff der Überlieferung hinzu: „Auch schärfte er ihnen ein, sie sollten unentwegt an der Überlieferung der Apostel festhalten, welche er, um ihnen Sicherheit zu geben, nunmehr auch durch schriftliches Zeugnis mitzuteilen für notwendig hielt", heißt es von dem Heiligen und Märtyrer Polykarp. Wo das Gefäß bricht, steht es um die Feier nicht gut.

Liturgie und Playmobil

Man hat sich angewöhnt, bei liturgischen Fragen, ob sie nun evangelische Gottesdienste oder katholische Messen betreffen, die Kritiker von allzu zeitgeisthörigen Praktiken einer kleinen, altkonservativen Fronde zuzurechnen. Man denkt dabei an Leute, die sich leicht als unaufgeklärte, halbheidnisch-abergläubische Randgruppe beiseiteschieben lassen. Aber es gibt unter diesen Menschen auch ganz andere Motive.

Der Künstler und Schriftsteller Thomas Kapielski ist einer, der die schnellfertigen Zuordnungen mit überlegener Intelligenz aushebelt. Denn er ist in seiner literarischen und künstlerischen Praxis eben kein rückwärtsgewandter Mann, im Gegenteil, er steht heute an der Spitze einer Kunst, die aus der Moderne die Konsequenz zieht. Will man seine Tendenz auf eine Formel bringen, dann handelt es sich um eine absurdistische, intellektuell anspruchsvolle, spielerische, die Normen unterlaufende Kunstübung. Er selbst sieht sich als Anwalt der „steilsten", nicht der banalisierten Moderne.

Das will aber sagen, dass gerade Kapielski nichts mit den Fettecken zu tun hat, die er höhnisch „Schmalzecken" nennt. Und dass er der mittleren Gegenwartskunst ein lakonisches „ungenügend" ins Zeugnis schreibt: „schlauer, verschlagener Einsatz von Verpöntem, Blasphemischem, Nacktheit, Kot, Revolutionsgeste, Mahnmalerei". Ist Kapielski ein Katholik oder ein Kulturprotestant? Jedenfalls einer, dem der Glaube nicht leichtfällt, von dem er aber nicht lassen, den er vielleicht auch nur als feinen Äther in seinem Leben erhalten will. Es ist kaum mehr, aber weniger darf es doch nicht sein.

So sehen wir ihn in Eickel die Johanneskirche besuchen. Der Organist Schoppmeier spielt. Keiner könnte tiefer ergriffen sein als Kapielski – und der neben ihm einzige andere Besucher der Kirche. „Und das Gotteshaus seufzte auf! Und die Orgel atmete tief und jubelte Lobpreis durchs Gotteshaus! Hosianna! War das schön! Nun danket alle Gott!"

Nicht der vormoderne Mensch also, sondern gerade der ausgepichteste Modernist erträgt die halben, auf verkindlichte Erwachsene zugeschnittenen Formen am wenigsten. „Denn man muss wissen", schreibt Kapielski, „dass hier sonst zu den Gottesdiensten ganz ungeniert und immer, immer öfter dem schmierigsten Sakro-Pop götzendienerisch gehuldigt wird. Bisweilen mutet es an, als zelebriere das Haus die Messe in Form einer TV-Kindersendung, als müsse einem Kindergottesdienst die Mickymaus als Ab- und Nebengott beigesellt sein, damit sie überhaupt noch herbeiströmen."

Übertrieben? Kaum. Der evangelische Pfarrer Markus Bomhard hat aus Playmobil-Figuren die ganze Bibel nachgebastelt, Patriarchen, Propheten und Apostel. Vielleicht ist es nur eine Frage der Zeit, bis sie auch in Gottesdiensten für Erwachsene eingesetzt werden.

Das erste Beste nehmen

Spontaneität, die Bereitschaft, auf die Herausforderung gerade dieses Moments zu antworten, scheint eine Haltung zu sein, die man kaum mit einem strengen, dogmatischen Kirchenlehrer in Verbindung bringt. Und doch verhält es sich gerade so. Man kann es sogar begründen, warum ausgerechnet der Christ der eigentlich spontane Mensch sein muss: Die Bibel ist das wahre Buch der Unruhe. Sie produziert in ihrem Leser eine innere Spannung, die so stark werden kann, dass es nur eines winzigen äußeren Anstoßes bedarf, um einen neuen Kristall zu bilden. Eine Art höherer Wachheit scheint die Voraussetzung zu sein.

Einen solchen Augenblick erlebte der heilige Augustinus, als seine Zweifel den höchsten Grad erreicht hatten und zu einer Lebenskrise wurden. Um dem „Werk der Tränen" seinen Lauf zu lassen, zieht er sich von den Freunden zurück und legt sich unter einen Feigenbaum. Aus dem Nachbarhaus hört er eine Kinderstimme, die „im Singsang ausruft und oft wiederholt: ‚Nimm und lies, nimm und lies!'"

Immer wieder hat man diese Szene in Bildern dargestellt. Was an sich zufällig war, verwandelte sich in einen bedeutenden, ausschließlich ihn angehenden Weckruf. Kann man sagen: nach Art eines Orakels? Nicht ganz. Alles war ungeplant. Augustinus konsultierte eben kein Orakel, nach weihenden Vorbereitungen – der Moment selbst war das Orakel. Und auch das Weitere überlässt er nun dem Augenblick. Er beginnt nicht mit der Wiederaufnahme systematischer Studien, sondern schaut auf die erste beste Stelle in den Briefen des Paulus, die ihm vor Augen kommt und dann die alles entscheidende Antwort bringt.

Es war wohl diese Bereitschaft für den Moment, die Aufmerksamkeit für das, was sich an Beziehungen und Bezüglichkeiten gerade gestalten wollte, die sein Leben überhaupt prägte. Was selbst dem ungläubigen Leser der „Bekenntnisse" auffallen muss, ist das enge Verhältnis des Augustinus zu seiner Mutter Monnica. Man findet nicht leicht in der Antike, selbst in der stärker subjektiven Neuzeit, etwas, das sich an geistiger Intensität den Gesprächen dieser Mutter und dieses Sohnes zur Seite stellen ließe. Auch Monnica wurde von der Kirche heiliggesprochen.

Gegenüber den sokratischen Dialogen zwischen den Gebildeten und Denkenden Athens sind die Szenen der Begegnungen und Freundschaften, die Augustinus schil-

dert, um eine ganze Dimension dramatischer, dem Unerwarteten völlig geöffnet.

Nicht die Lehren des Augustinus über die Sünde, das
Böse und den Gottesstaat sollen hier ausgebreitet werden.
Natürlich war er vor allem ein Theologe, und man darf
sein Lebenswerk nicht vorschnell psychologisieren; Kirchenväter sind keine Lebensberater. Und doch kann man
von ihm etwas über die christliche Tugend der Spontaneität lernen. Ohne dabei zu vergessen, dass erst eine
„Dogmatik" die Antennen für die Botschaft des Moments
einstellt.

Vorbereitung zum Fest

Am heutigen Sonntag beginnt das Kirchenjahr, das andere Zeitmaße und Sinnordnungen als das bürgerliche kennt. Advent heißt Ankunft. Nicht nur das Ereignis selbst – die Geburt Christi – ist Anlass zur Feier, sondern diese selbst will Innen und Außen vorbereitet werden, wenn sie ihren Glanz entfalten soll.

Eine Feier, der nicht Zeremonien der Einstimmung vorhergehen, ist eigentlich keine. Die Vorbereitung auf ein heiliges Geschehen war immer, auch im Heidentum, mit einem Fasten verbunden. Dass auch die Adventszeit einmal eine vierzigtägige Fastenzeit bedeutete, nach dem Vorbild von Jesu Fasten in der Wüste, ist aber doch aus dem Bewusstsein weitgehend verschwunden und wird auch seit langem im Kirchenrecht nicht mehr vorgeschrieben. Also bloß kein schlechtes Gewissen beim Schenken! Nur ein bisschen Melancholie ist erlaubt, wenn die Adventskalender unserer Jugend, die farbige Bildchen zu entdecken gaben, den Kindern heute als zu ärmlich erscheinen wollen.

Schenken ist ja der ganze Gehalt von Weihnachten, der Feier des größten Geschenks, und auch diese Handlung wird vorbereitet. „Am Niklastag", so berichtet die Augustinernonne Klara Steiger im Jahr 1640, „habe ich jeder Schwester ein halbes Pfund Seife, eine Semmel und einen Apfel gegeben. Dem Gesinde gab ich, was in meinem Vermögen stand. Auch den Altarbuben ein Büchlein, ein Kreuzer und den Kindern im Dorf jeweils ein Bildlein, eine Semmel und ein Hutzel." Bei dem letzteren handelt es sich um Dörrobst.

Dass jeder Tag im Kirchenjahr bedeutungsvoll ist, einem Heiligen gewidmet und Anlass zu besonderen Werken und Gedanken, hat soeben der Berliner Künstler und Schriftsteller Thomas Kapielski in einem zauberhaften kleinen Buch entwickelt. Es heißt „Zeitbehälter. Kleine Festordnung" und gibt ein geistliches Jahr für die wacheren Köpfe. Hier fand ich das schöne Notat der Klara Steiger. Auch allerhand Volksbrauch, Liebesorakel und ähnlicher lässlicher Aberglaube, soweit er sich auf die Besonderheit einzelner Tage bezieht, wird von Kapielski mit Gusto behandelt; man findet zwischen Gedankenspielen und Tagebuchartigem zudem Rezepte und Hinweise auf kaum mehr bekannte geistliche Musik.

Erschienen ist das Bändchen kürzlich im Berliner Merve-Verlag. Das ist an sich schon ein notierenswertes Datum. Denn Merve war seit dem Beginn vor vierzig Jahren ein vornehmes kleines Publikationshaus, in dem die deutsche linke Intelligenz den Anschluss an die Theorie Frankreichs und Italiens finden konnte; am Anfang marxistisch, dann immer undogmatischer. Aber die Titel dieses Jahres – darunter eine Essayfolge von Léon Bloy, dem legendären Anarcho-Ultra-Katholiken – sind sehr theologisch gestimmt. Ein Zeitzeichen. Gebildete Religionsverächter, seht euch vor!

Kapitel IV

Blick nach Osten

Schönheit des Alten

Das Mark des Gebets sind doch immer die Psalmen. Umfassenderes, Kraftvolleres lässt sich im Bereich der Rede des Menschen an Gott kaum finden: Schuldbekenntnis, Bitte um Schutz vor dem Feind, Gesang, Preis und Jubel wechseln einander ab und geben so das vollständige Bild vom Wesen des Gebets. Jede Einseitigkeit beim Beten findet an diesem Vorbild ihre Grenze. In einem besonderen Maß hat die orthodoxe Kirche die Sprache der Psalmen und des Alten Testamentes insgesamt in ihren Gebetskanon aufgenommen.

Man ist gewohnt, das Alte Testament im Licht des Neuen zu verstehen. Die Orthodoxie aber führt eine weitere Spiegelung ein: Die Botschaft des Neuen Testaments wird zurückübersetzt in die erhabene, großartige Sprache des Alten; der Sohn und die Gottesmutter nähern sich wieder dem Vater.

Im „Bittkanon und Akathistos an die Allerheiligste Gottesgebärerin" liest man: „Freue dich, Feuersäule, welche die Menschheit ins höhere Leben einführt!" Vor den Hebräern, die aus Ägypten auszogen, zeigte sich Gott „bei Nacht in einer Feuersäule, um ihnen zu leuchten, damit sie bei Tag und Nacht wandern konnten." An anderer Stelle finden wir den Vergleich Mariens mit jenem brennenden Dornbusch, in welchem Gott, wie im Buch Exodus geschildert, dem Mose zuerst erschienen war. Es sind diese Bilder, auf die Kirchenväter zurückgehend, die im Zusammenhang mit einem Gebet an Maria für heutige westlich-europäische Ohren fremd und fast hart klingen. Die Immunität der Orthodoxie gegen modernisierende Einreden mag damit zusammenhängen, dass ihr die Bibel in jedem Moment als Ganze gegenwärtig ist. Aber auch ihre eigentümliche Würde schreibt sich von dieser Entscheidung her.

Die Kirchen des Ostens haben der nachantiken Philosophie in ihrem Lehrgebäude ungleich weniger Raum gegeben als die westlichen. Und doch stieß ich im orthodoxen Gebetbuch auf eine Stelle, die mir zunächst kaum alttestamentlich anmuten wollte. Der Schutzengel wird angerufen, der Bote und Fürsprecher, der jedem Einzelnen gegeben ist. Für die Stunde des Todes sagt das Gebet: „Stehe mir bei, mein Geleiter, in Schönheit blühend, als lieblicher, anmutiger, sonnengestalteter Geist, mit lächelndem Antlitz und heiterem Blick, wenn ich im Begriff bin, die Erde zu verlassen." Ich glaubte, einen Gruß

des Heidentums in die junge Christenheit hinein zu hören, einen antikischen Einschuss ins biblische Gewebe zu
sehen.

Hermes, an den die Beschreibung des Engels mich
erinnerte, war den Griechen der Seelenführer. In der archaischen Zeit sah man ihn als einen Mann im mittleren
Alter, mit Bart. Erst später wird er zu dem jugendlich-an-
mutigen Begleiter in die andere Welt, zum „Psychopom-
pos", dem das Geleit der Toten obliegt. Aber ich hatte
mich geirrt. Auch der lächelnde Schutzengel der letzten
Stunde ist ein Psalmen-Motiv: „Schön bist du wie keiner
unter den Menschen, / ausgegossen auf deinen Lippen
ist Anmut: / so hat dich Gott gesegnet auf ewig." (45,3)
Das orthodoxe Gebet an diesen Geleiter ist wirklich „katholisch", umfassend: Es schließt keinen aus, selbst der
Agnostiker wird im Ernstfall nichts anderes wünschen
können.

Christen im Nahen Osten

Mit der Taufe beginnt das christliche Leben. Und Jesus selbst geht zu Johannes, der ihn mit dem Wasser des Jordan tauft, um keinen Deut anders als die Übrigen, die zu ihm kommen. Daran erinnerte in schöner Anspielung Papst Benedikt XVI., als er im Mai 2009 in der Sankt-Georgs-Kathedrale in Amman zur Vesper predigte, in dem Königreich, das seinen Namen vom Fluss Jordan her schreibt.

Die Kathedrale gehört zur melkitischen Kirche. Diese ist griechisch-katholisch, was besagen will: sie folgt im Ritus, in der Liturgie den Überlieferungen der Orthodoxie, ist aber mit Rom uniert und anerkennt den Primat des Papstes. Nicht nur der melkitische Patriarch Gregorios III. Laham feierte mit dem Papst die Vesper, sondern auch der griechisch-orthodoxe Erzbischof Benediktos Tsikoras, schließlich auch Vertreter der anderen im Orient präsenten katholischen Kirchen wie die der sogenannten Chaldäer, die derzeit im Irak unter besonderer Verfolgung leiden und in großer Zahl aus dem Land fliehen mussten.

Die Vesper in Amman hatte, wenn man nur nach den gelesenen Texten der Bibel sich ein Urteil erlauben kann, eine seltene innere Dramatik. Der Psalm 104 (nach anderer Zählung: 103), der in der Lesung an erster Stelle stand, bildet wohl den Höhepunkt einer biblischen Schöpfungs-Dichtung und einer Verherrlichung des Schöpfers: „Du bist es, der die Quellen ergießt in die Bäche, durch die Berge rauschen sie hin. Zu trinken geben sie allen Tieren des Feldes, die Wildesel der Steppe stillen aus ihnen den Durst. Es wohnen an den Ufern die Vögel des Himmels, aus den Zweigen tönt ihr Gesang."

Dann aber wurde eine Passage aus dem Epheser-Brief (6, 10-20) gelesen, in der eine ganz andere Seite der Botschaft sich zeigt. Sie spricht von Kampf und Widerstand, von der „Waffenrüstung Gottes", vom „Panzer der Gerechtigkeit", vom „Schwert des Geistes" und vom „Helm des Heils". Eindringlicher wird kaum sonst von der Bedrohung des christlichen Lebens gesprochen, und dort, wo der Islamismus vordringt, ist sie ja wirklich.

Benedikt XVI. sprach in seiner kurzen Predigt über die mannigfachen kirchlichen Aufgaben; auch die palästinensischen Flüchtlinge erwähnte er. Besonders bemerkenswert aber war seine mit deutlicher Emphase und Bewunderung vorgetragene Würdigung des Beitrags der Ostkirchen zur Weltkirche. Viermal fällt auf den zwei

Druckseiten der Predigt das Wort „Tradition", das fast als der Kern erscheinen will. Es ist ja die ganz unreformierte, von keinem neueren Konzilsgeist modifizierte Liturgie, die in diesen Kirchen gefeiert wird. Der Papst sprach in stets neuer Wendung vom „Schatz an geistlichen, liturgischen und kirchlichen Traditionen" des Ostens. Dieser könne „nie einfach als ein passiv zu bewahrendes Objekt betrachtet werden". Benedikt XVI. scheint also dem Nahen Osten noch einiges zuzutrauen.

West-östliches Kreuz

Als Navid Kermani, Schriftsteller und Islamwissenschaftler, im Frühjahr 2009 seine Ansichten über das Kreuzigungsbild von Guido Reni veröffentlichte, was dann zur (später wieder zurückgenommenen) Aberkennung des Hessischen Kulturpreises führte, nahmen Karl Kardinal Lehmann und der ehemalige hessen-nassauische Kirchenpräsident Peter Steinacker vor allem Anstoß an den scharfen Formulierungen, mit denen Kermani die „Hypostasierung des Schmerzes" in der Darstellung der Kreuzigung als „barbarisch", „körperfeindlich" und als einen „Undank gegenüber der Schöpfung" bezeichnet hatte.

Zugegeben: Kermanis Wortwahl musste herausfordern. Aber es ist ja etwas daran. Man mag an Matthias Grünewalds Isenheimer Altar denken, an jene ungeheuerliche Kreuzigungstafel, die, mit dem herabgesunkenen Kopf Christi, an Drastik der Qual-Darstellung und der Verbildlichung eines Todeskampfes nicht zu überbieten ist. Nicht umsonst wurde der Isenheimer Altar zum Hauptstück der expressionistischen Kunstlehre. Die Beweinung des toten Christus im unteren Teil von Grünewalds Altar erspart dem Betrachter keine anatomische Einzelheit der gebrochenen Glieder. Und wer kann Mantegnas Beweinung Christi sehen, in ihrer unaussprechlich totenhaften Farbe, oder selbst Dürers Passions-Holzschnitte, ohne Kermanis Provokationen jedenfalls ein relatives Recht zuzugestehen?

Man muss zwischen künstlerischer Aneignung und kirchlicher Lehre unterscheiden. Niemand ist verpflichtet, Christus so zu „glauben", wie Grünewald ihn sah. Eher möchte man meinen, die Idee des Kreuzes in ihrer detaillierten Ausmalung der Martern sei am Ende gar nicht Zeugnis einer besonders innigen Frömmigkeit, sondern ein von der Gotik vorbereitetes, in die Glaubenswelt dann hineinspielendes Ergebnis des empirischen Geistes der westlichen Neuzeit, der sich die Erforschung der Welt-Anatomie zum Ziel gesetzt hat.

Es lohnt sich, einen Blick von außen auf diese Idee der Kreuzigung zu werfen, um ihrer historischen und geographischen Bedingtheit innezuwerden. Russland und gar Griechenland sind diesen westlichen Weg des Geistes nicht mitgegangen. Ihren orthodoxen Kirchen ist ein ganz anderer Christus nahe als der anatomisierte, der uns so geläufig ist, dass wir ihn für den einzig möglichen halten. Für sie ist er der König, der Verklärte und Strahlende, der Weltenherrscher in seiner Glorie – denn das ist er „jetzt", und die Kreuzigung objektive Vergangenheit. Selbst wenn man dort auf Ikonen die Kreuzigung darstellt: Christus hat den Kopf erhoben.

Christus ist Wort Gottes als König, er schenkt Licht, Gnade, Schönheit und Freude. Für das Kreuz als unmittelbares Heilszeichen ist die Ausmalung der Leiden keine zwingende Voraussetzung.

Kyrill und der Wettersegen

Russland leidet unter den brennenden Wäldern. Und nun geschieht etwas, das die westlichen Berichterstatter staunen macht. Kyrill I., der orthodoxe Patriarch, das Oberhaupt der russischen Gläubigen, hat nicht etwa mahnende Worte an die Regierenden zum Klimawandel gerichtet, wie es dem Deutschen naheliegen würde, sondern zum Gebet um Regen aufgerufen. Dabei erinnerte er ans Alte Testament: Auch der Prophet Elias habe durch stetes Gebet sein Volk vor einer Dürre gerettet, die drei Jahre lang dauerte.

Der Patriarch vertritt damit keineswegs eine exzentrische Ansicht. Wie die katholische Kirche den Wettersegen kennt, so enthält auch das orthodoxe Gebetbuch ein Gebet bei Regenmangel, verfasst von Kallistos, dem Patriarchen von Konstantinopel: „Herr, Herr, der Du durch Deinen Propheten Elias die Dürre aufgehoben, durch Regenströme das Antlitz der Erde bewässerst und Dein Volk mit einer Fülle von Früchten versehen hast, gib Du auch jetzt, bewogen durch Deine Güte, die Deinem Wesen eigen ist, der Erde lindernden Regen, dass die Früchte des Jahres reifen." Die Natur, so fährt das Gebet fort, gehorcht ihrem Herrn und Schöpfer. Wenn Gott den Menschen zürnt, dann folgt ihm die Natur, und „Dürre erfasst die Erde, glühend wird die Luft, die Gewächse der Erde vertrocknen, und wir fallen in die Hände der Not".

Wie sich die Gebete der orthodoxen Kirche stets sehr eng ans Alte Testament anschließen, so auch dieses. Die Dürre, unter der das Volk zur Zeit des Elias litt, war kein immanenter Naturprozess, sondern Strafe. Der König Ahab hatte dem Baal im Tempel zu Samaria einen Altar errichtet, das erste Buch der Könige schildert die Geschichte. Da trat der Prophet vor Ahab hin und verkündete: „So wahr der Herr, der Gott Israels, lebt, er, in dessen Dienst ich stehe, es soll in diesem Jahr weder Tau noch Regen fallen, es sei denn auf das Wort hin, das ich spreche." Was nun folgt, ist eine kultische Reinigung von archaischer Wucht. Die Baalspropheten, die Ahab versammelt, erweisen sich bei einer Probe als ohnmächtig und werden niedergemacht. Elias errichtet dem Herrn einen neuen Altar und bringt ein Stieropfer dar, das wohlwollend angenommen wird. Und nun erst kommt das Ende der Dürre: „Nach einer Weile wurde der Himmel schwarz von Gewitterwolken und es fiel ein starker Platzregen."

Für den Patriarchen Kyrill I. und die Gläubigen gehört diese biblische Geschichte zur ewigen Gegenwart, deren Aktualität nicht eigens bewiesen werden muss, weil sie im Gebetbuch ja stets präsent ist. Und so erklärte auch er, die Dürre sei über die Israeliten gekommen wegen des Abfalls vom Glauben und der Anbetung des Baal. Er warnte davor, den sündigen Versuchungen zu erliegen, die von Medien gefördert würden. Kurz gesagt: Er verkündet, was seines Amtes ist, und gab keine dilettantischen Ratschläge an die Politik.

Kapitel V

Anpassung und Untergang

Frömmelnde Psychologie

Also sprach Margot Käßmann, damals noch Ratsvor-
sitzende der EKD, gegenüber Johannes B. Kerner: „Die
Kultur der Achtsamkeit ist ein Stück verlorengegangen."
Achtsamkeit ist ein vergleichsweise neues Wort. Noch in
den neunziger Jahren war es außerhalb von buddhisti-
schen Schulen oder Yoga-Lehren kaum gebräuchlich, erst
seit der Jahrtausendwende begann seine überraschende
Karriere.

Das Grimmsche Wörterbuch von 1854 kennt „Achtsamkeit" als Übersetzung von „attention" und nennt
„Aufmerksamkeit" als Synonym. Aber genau darum geht
es im heutigen Verständnis nicht: Gemeint ist vielmehr
das Gegenteil von konzentrierter Aufmerksamkeit, nämlich eine Art gelassenen Hinnehmens all dessen, was die
Welt darbietet – so, wie es östliche Weisheitslehren seit
eh und je ihren Adepten nahelegen. Dieser neuen Bedeutung verdankt die „Achtsamkeit" ihre Popularität in
der Psychotherapie, wo sie fast als Heilsrezept angeboten
wird. Gegenwärtig sind auf dem deutschen Buchmarkt
rund fünfhundert Achtsamkeitsratgeber erhältlich. Ständig kommen neue hinzu: Eine „neue Qualität in unserem

Leben, größeres Glück und mehr Erfüllung" verspricht das „Achtsamkeitsbuch", das im Verlag Klett-Cotta erschienen ist.

Diesen psychotherapeutischen Versprechen passen sich auch die Kirchen an. Das Buch „Von Achtsamkeit bis Zuversicht: 200 Gebete für den Gottesdienst" aus der Feder von Gerhard Engelsberger soll als Beispiel stellvertretend für viele stehen. Verfransungen der Sprache der Verkündigung mit dem Jargon therapeutischer Schulen münden mit einer gewissen Gesetzmäßigkeit in den Psycho-Kitsch, in bedeutungsheischende Unbegriffe wie „Begegnung" – und so ist es auch mit der „Achtsamkeit". Sie verlangt in ihrer Vagheit vom Gläubigen ja nichts, ist der Programmbegriff des Unverbindlichen. Im besten Fall deutet sie in die Richtung eines Entspannungstrainings und klingt nach Lindenblütentee-Nachmittagen und violetten Schals. In der geistigen Leere, die offenbar anders nicht mehr zu füllen ist, flüchtet man auch bei der Evangelischen Kirche von Westfalen in Schulungen für Achtsamkeit mit Yoga-Begleitung.

Längst hat man es mit einem überkonfessionellen Syndrom zu tun. Eine „Option für eine Kultur der Achtsamkeit" will der Münchner Weihbischof Franz Dietl verwirklicht sehen. Und der Papst? Nach einem Pressebericht rief Benedikt XVI. bei seinem Besuch in den Vereinigten Staaten die dortigen Bischöfe „zu Achtsamkeit gegenüber materialistischen Tendenzen und Diesseitsbezogenheit" auf. Aber das muss man sich ins Deutsche und Vernünftige zurückübersetzen: Der Papst meinte, das erschließt sich zwingend aus dem Kontext, nicht die Käßmannsche neue Achtsamkeit, sondern das gerade Gegenteil: Aufmerksamkeit, kritische und prüfende Haltung.

Segen vom Team

Kritik an den Kirchen fällt nicht leicht. Jeder, der die Lage in einem Deutschland betrachtet, das sich entchristlicht, wird seine Vorbehalte gegen Erscheinungen des kirchlichen Lebens nur mit Zurückhaltung äußern. Und doch: selbst wenn man zugesteht, dass es für die christlichen Religionsgemeinschaften eine Überlebensfrage ist, neue Mitglieder anzuziehen oder Getaufte, aber müde Gewordene zurückzugewinnen, stutzt man angesichts der konkreten Formen der Missionierung: ihrer Sprache und ihrer Inszenierung vor allem. Da findet man nicht selten die angestrengte Jugendlichkeit, eine demonstrative, maskenhafte Freude, die schon an den Jazzgottesdiensten meiner Jugend in den sechziger Jahren so bemüht, ja geradezu halbseiden wirkte.

Im Gespräch mit einem Pfarrer fiel neulich ein Wort, das ich nicht kannte: „Segnungsteam". Überall, bei den Katholiken wie den Protestanten, haben sich Segnungsteams ausgebreitet, die, wie es in einem ihrer Dokumente heißt, nach dem Gottesdienst zu „dezenter Musik im Hintergrund" ihres Amtes walten.

Und die erste Reaktion war: Kann es dieses Wort – und damit die Sache – überhaupt geben? Nicht der Anglizismus soll uns stören. Aber ein Team bildet sich in soziologisch eindeutigen Zusammenhängen, im Sport und in Unternehmen. Ein Team ist durch eine Aufgabe verbunden. Teamarbeit heißt: Entscheidungen und Verantwortungen werden demokratisiert, flache Hierarchien gelten in der Theorie vom Management als optimale Führungsmethode. „Segnungsteam" ist aus einem sakralen und einem betriebswirtschaftlichen Wort unschön amalgamiert.

Ist es weltfremder Ästhetizismus, wenn man über das Wort stolpert? Man muss noch einmal über die Bedeutung des Segnens nachdenken. Jeder ist grundsätzlich fähig, einen anderen zu segnen, so viel ist richtig. Nicht jedoch in jedem Verhältnis. Die Großmutter segnet die Enkelinnen, der Vater den Sohn. Aber kein Sohn kann seinen Vater segnen, die Beziehung ist nicht umkehrbar. Es steckt im Akt des Segnens eine leise, niemals zu demokratisierende Ungleichheit. Unsere Intuition sagt uns also, dass in dem Wort „Segnungsteam" nicht nur eine fragwürdige Prägung, sondern eine schiefe Ansicht der Sache vorliegt: Flache Hierarchien und Segen stimmen nicht zusammen. Das jeweilige Team besteht aus Laien, seine Zusammensetzung fluktuiert, und seine Autorität – ohne die es den Segen nicht geben kann – ist bestenfalls schwankend.

Die Bedenken kommen zu spät. Einmal ist es die Betriebswirtschaftslehre, ein anderes Mal die Kulturindustrie, die man bei der Neumissionierung bemüht. Die „Gemeinschaft Emmanuel" probiert es mit einer „überraschenden Liturgie", die „wie eine Show mit Anmoderation" beginnt. Manch einer wendet sich ab. Den Glauben hat er wohl, allein die Botschaft will er nicht hören.

Jesus made in Hollywood

Die Tochter, fünfzehn Jahre alt, ist aus dem katholischen Religionsunterricht ausgetreten und wird künftig Ethik belegen. Das Einverständnis der Eltern ist nicht mehr nötig, sie kann selbst entscheiden. So schmerzlich ihre Wahl mir grundsätzlich wäre – in diesem Fall kann ich nicht anders als sie zu billigen.

Denn sie hat einen guten Grund. Zuletzt wurde im Unterricht der dreistündige Bibelfilm – eigentlich handelt es sich um eine amerikanische Fernsehserie – „Jesus" von Roger Young vorgeführt. Eine Zumutung an die intellektuelle Kapazität von jungen Menschen. Ich kenne, zugegeben, nur jene Ausschnitte, die im Netz zugänglich sind. Aber schon diese ausführlichen Teilstücke erlauben ein Urteil. Die Versuchung in der Wüste zeigt uns zwei Satane, zuerst einen weiblichen, ein bisschen dem Vampirfilm abgeschaut, mit wehendem roten Kleid. Und gleich vervielfacht in die Landschaft projiziert, zu Schmalzmusik. Dann: glühende Sonne. Die Teufelin tritt nun ohne das rote Kleid vor Christus (Jeremy Sisto), dessen Gesicht von starkem Sonnenbrand gezeichnet ist – und der dann einen Urschrei ausstößt, der geradewegs aus einem

Therapie-Lehrbuch zu kommen scheint. Die weibliche Erscheinung verwandelt sich in eine männliche.

Nun kommt die Hollywood-Ästhetik erst richtig zum Einsatz; mit allen Kunstgriffen der Computeranimation zieht der Satan Christus in den Weltraum und lässt ihn den blauen Planeten betrachten, um ihm von dort die Großreiche zu versprechen. Auch als nach der Kreuzigung die Erde in Jerusalem bebt, erkennt man in den filmgerecht berstenden Mauern die künstlerischen Vorbilder der Katastrophendramatik von Roland Emmerich.

Kulturindustrie im schlimmsten, von Adorno sehr zu Recht gegeißelten Sinne. Billig sicher nicht in der Produktion, aber in den Effekten. Etwas also, was man im Privatfernsehen vermuten würde (die Firma Kirchmedia war an der Produktion beteiligt), aber nicht an einem Gymnasium. Aber man muss sich wohl damit abfinden, dass gerade diese Unterscheidung nicht mehr verstanden wird. Dabei ist von den fragwürdigen Inhalten, die der Film vermittelt, noch gar keine Rede.

Jeder Film über Jesus hat etwas Problematisches, und viele sind indiskutabel. Aber es gibt Ausnahmen, für die man ein gutes Wort einlegen möchte, selbst wenn die Kirche sie abgelehnt oder kritisch betrachtet hat. Pier Pao-

lo Pasolinis 1964 gedrehtes „1. Evangelium – Matthäus"
ist das Werk eines großen, übrigens kommunistischen
Künstlers. Es respektiert das Wort der Heiligen Schrift
(ganz anders als Roger Young, der eifrig hinzugedichtet
hat). Die Kreuzigung ist nicht amerikanisch, sondern im
Stil des sozialen Realismus aufgefasst, jedenfalls gehört
sie zu den eindringlichsten Szenen der Filmgeschichte.
Über Pasolini ließe sich mit Fünfzehnjährigen also reden.
Aber die höfliche Anfrage an den katholischen Religions-
lehrer, mögliche Alternativen zu Youngs Fernsehdrama
betreffend, wurde nie beantwortet.

Judas lernt sprechen

Die Evangelien fassen sich kurz. So kurz, dass man als phantasievoller Laie versucht sein kann, die Lücken, die nur nach heutigem psychologischem Verständnis solche sind, spekulativ aufzufüllen. Vor allem die Figur des Verräters Judas hat seit langem dazu gereizt, tiefere Motive für sein Handeln zu konstruieren. Bei Matthäus liest man nämlich davon nichts. Nur dies: „Darauf ging einer der Zwölf namens Judas Iskariot zu den Hohepriestern und sagte: Was wollt ihr mir geben, wenn ich euch Jesus ausliefere? Und sie zahlten ihm dreißig Silberstücke. Von da an suchte er nach einer Gelegenheit, ihn auszuliefern."

Aber schon die erste Lektüre belehrt darüber, dass auch hier ein Motiv angesetzt wird: die Geldgier. Die Frage für Judas ist: „Was wollt ihr mir geben?" Dass er ans Geld denkt, passt zu seinem bisherigen Amt; er hatte die Kasse der Apostel zu verwalten. Lukas verschärft den Bericht: „Der Satan aber ergriff Besitz von Judas." Bei Johannes liest man das Wort Jesu während des Abschiedsmahls: „Einer von euch wird mich verraten."

Aber nun greifen wir zum aktuellen Textbuch der Oberammergauer Passionsspiele. Judas wird zum Verräter gleichsam gegen seine Absicht. Zwar ist er unzufrieden mit Jesus – er hatte sich ein triumphaleres Auftreten des Messias gewünscht -, aber an sich, so das neue Textbuch, wollte er doch nur den Dialog mit der obersten Priesterschaft. Und nur deshalb willigt er in den Verrat ein, weil ihm Kaiphas, der Hohepriester, ein Versprechen macht: „Ich schätze deinen Rabbi. Es verlangt mich danach, mit ihm zu sprechen, deshalb – und nur zu diesem Zweck – suche ich ihn."

Als die Angelegenheit dann ihren Lauf genommen hat, wird Judas erst recht redselig und zeigt sich als bloß Irrender: „Ihr wollt ihn töten? Er soll sterben? . . . Weh mir! Was habe ich getan? Sterben soll er? Nein, das wollte ich nicht, das will ich nicht! . . . Nein, nein, so weit werden sie es nicht treiben. Dahin darf es nicht kommen!" So wird, was in den Evangelien eindeutig war, in eine Grauzone gerückt. Und dort, wo die Evangelisten die Zweideutigkeit des Pilatus schilderten, erscheint in Oberammergau der römische Statthalter als der eigentliche Schurke. Pilatus ist es, der dem Hohepriester Kaiphas schon zu Beginn droht, er müsse mit dem gerade in Jerusalem eingezogenen Rebellen ein Ende machen. Beim Verhör ist sein Zögern nur der Ausdruck seiner grundsätzlichen Grausamkeit, die er im entscheidenden Moment beweist: „Was ist Wahrheit? (nimmt eine Geißel und schlägt ihn.)"

Der Spannungsabfall in einem System ist nichts Neues. Die Physik spricht von einer „Entropie", wenn sich am Ende aller Tage ein gleichmäßiger Mittelwert gebildet haben wird und weder das ganz Warme noch das ganz Kalte mehr übrig sind. Man denkt an diesen Begriff, wenn man sich die Oberammergauer Tendenz vor Augen führt.

Visionen auf Youtube

Die Kamera geht ganz nah an das Gesicht der Seherin heran. Sie ist vom Glück förmlich überströmt. Dann bilden ihre Lippen stumm die Botschaft nach, die ihr zuteil wurde. Die Szene dauert mehrere Minuten, der Ausdruck wechselt ins Tiefernste und Ergriffene. Leise Gitarrenmusik klingt herein. Als die Botschaft überbracht ist, sieht man die Seherin erschöpft, wie sie sich mit einem Tuch das Gesicht abwischt. Diese und ähnliche Szenen kann man im Internet zu Dutzenden finden.

Ort der Handlung ist Medjugorje in Bosnien-Hercegovina. Botschaften der Mutter Gottes werden hier, um es drastisch zu sagen, massenfabriziert. Mindestens einmal im Monat kommen sie seit 1981. Mirjana Dragicevic-Soldo heißt die Frau, die zur Gruppe derer gehört, die sie empfängt. Nun liegt die Versuchung nahe, Visionen überhaupt ins Reich der Fabel zu verweisen, aber so einfach sollte man es sich nicht machen. Und es gibt allererste Kriterien der Unterscheidung. Die Visionen der Bibel, bei den Propheten Ezechiel und Daniel oder in der Offenbarung des Johannes, hatten etwas zu sagen, was sich auf keine andere Weise formulieren ließ. Auch die Visionen der drei Kinder im portugiesischen Fatima, denen 1917 die Mutter Gottes erschien, besaßen einen weltgeschichtlichen Gehalt. Und sie waren erstens nicht beliebig wiederholbar – nur dreimal wurde ihnen eine Botschaft zuteil. Und zweitens wählten die Fatima-Kinder später eine geistliche Lebensform.

Aber was die Laien-Seherin von Medjugorje aus ihren Visionen mitteilt, steht in jedem vernünftigen Katechismus: Betet, fastet, geht zur Beichte. Am 25. Januar 2010 hieß es etwa: „Liebe Kinder! Möge euch diese Zeit eine Zeit des persönlichen Gebetes sein, damit in euren Herzen der Same des Glaubens wachse, und er möge zu einem frohen Zeugnis für die anderen heranwachsen. Ich bin bei euch und möchte euch alle ansporneln: Wachset und freuet euch im Herrn, der euch erschaffen hat! Danke, dass ihr meinem Ruf gefolgt seid!" Hundertfach werden solche Botschaften von Mirjana und ihrem Kreis visionär empfangen, für die der gewöhnliche Christ keiner Sondererleuchtung bedürfte.

Der Vatikan hält sich zurück. Unter den hohen geistlichen Würdenträgern, die nach Medjugorje kamen und dort predigten, ist an erster Stelle der Wiener Kardinal Schönborn zu nennen. Er gilt manchen für konservativ, aber das ist wohl ein Fehlurteil, wenn man sich in Erinnerung ruft, wie er (laut einem Bericht der Wiener „Presse") auf den Vorhalt antwortete, die Messe sei langweilig: „Früher war die Messe noch viel langweiliger. In Latein und so."

Nein, Kardinal Schönborn ist alles andere als konservativ. Vielmehr liegt der Gedanke nahe, dass die katholische Kirche in bestimmten Bezirken die Selbstverwandlung in eine pfingstliche, charismatische Richtung anstrebt, weil sie nur hier noch Missionsmöglichkeiten zu erblicken vermag. Die Visionen von Medjugorje stehen für die erste Mystik der nachkonziliaren Kirche. Sie sind auch danach.

Kapitel VI

In der Krise angekommen

Was es nicht ist

Jeder Segen hat etwas Feierliches. Der Segen der Kirche begleitet die Schritte im Leben der Gläubigen, der Segen der Eltern das Leben der Kinder. Der Segen hat schützende und heiligende Wirkung. Das, was gesegnet wird, muss seinerseits bestimmte Ansprüche erfüllen, es muss, als Minimalbedingung, die Feierlichkeit des Segens zulassen. Man segnet kein Kabarett, keinen Karnevalszug und keine Love-Parade. Und einen Umzug zum Christopher-Street-Day? Die Einsegnung gleichgeschlechtlicher Paare, von der Evangelischen Kirche Hessen-Nassau möglich gemacht, stellt die Kirche vor eine Zerreißprobe. Die Bundestagsabgeordnete Erika Steinbach hat die Landeskirche verlassen. Auch in anderen Teilen Deutschlands sorgt das Thema für Unruhe. Die pfälzische Landeskirche in Speyer kündigt an, für eine „gottesdienstliche Begleitung gleichgeschlechtlicher Paare" eine eigene Liturgie zu entwickeln. Es lohnt sich, bei diesem Streit auf die Theorien zu schauen, die von bekennenden Homosexuellen und Lesbierinnen entwickelt wurden, etwa von Judith Butler. Das höchste Ansehen genießen im homosexuellen und lesbischen Binnendiskurs gerade solche Formen persönlicher Identität, die ein parodistisches Element enthalten: solche also, in denen zwischen der Anatomie und der gespielten Geschlechterrolle eine Differenz besteht, über die etwa der Transvestit sich lustig macht. Das Lustige – der englische Ausdruck dafür lautet „gay" – ist vielen homosexuellen Selbstdarstellungen eigen. Vor fast vierzig Jahren hat Susan Sontag den homosexuellen Stil als „Camp" bezeichnet: „Es ist die Liebe zum Übertriebenen, zum ‚Übergeschnappten', zum ‚Alles-ist-was-es-nicht-ist'." Esther Newton, eine andere lesbische Theoretikerin, schreibt: „Meine ‚äußere' Erscheinung (mein Körper, meine Geschlechtsidentität) ist weiblich, mein inneres Wesen (in mir selbst) dagegen ist männlich." Der Segen, der der Parodie gegeben wird, bleibt von dieser nicht unbeeinflusst. Irgendwann kann er selbst zum fröhlichen „Alles-ist-was-es-nicht-ist" werden.

Markt für Bestattungen

Das Bistum Osnabrück geht neue Wege. Die Kirche „Heilige Familie", ein moderner, in den sechziger Jahren errichteter Rundbau, soll, da die Gemeinde ausdünnt, zu einem „Kolumbarium" umgewidmet werden, will sagen: zu einer Aufbewahrungsstätte von Urnen. Die Kirche scheint ihren Frieden mit der Feuerbestattung zu machen, die sie lange und vehement abgelehnt hatte. Man sieht sich heute, wie der Osnabrücker Generalvikar Theo Paul unlängst erläuterte, als einen unter vielen „Anbietern" auf einem sich verändernden Bestattungsmarkt. In der neuen Funktion erkennt man eine „klare Zukunftsperspektive", eine „aktuelle Herausforderung".

Die christliche Ablehnung der Feuerbestattung, die in der heidnischen Antike noch die Regel gewesen war, orientierte sich an der Grablegung Christi. Immer wieder wurde die Kremierung ausdrücklich verboten. Indes sind die Vorschriften für die Katholiken seit 1964 gelockert. „Heute", so der katholische Katechismus, „ist die Feuerbestattung katholischen Christen erlaubt, wenn dadurch der christliche Glaube nicht ausdrücklich geleugnet werden soll." Die evangelische Kirche hatte ihre Duldung schon früher erklärt, die Anglikaner standen nicht abseits, und nur die Orthodoxie bleibt nach wie vor unbeugsam.

Für die Feuerbestattungsvereine, die im neunzehnten Jahrhundert ihre Tätigkeit begannen, war es gerade der eigentliche Zweck gewesen, die Auferstehungshoffnung zu verwerfen. Hinter ihnen standen die meist linksgerichteten „Freidenker", wie sich damals die Atheisten nannten (so, wie sie sich heute gern als „Humanisten" bezeichnen), die unter allerhand hygienischer und sozialer Rhetorik ihr kirchenkritisches, „weltanschauliches" Anliegen zu verbreiten suchten. Wer ein rechter Gottesleugner sein wollte, der demonstrierte seinen Entschluss auch praktisch. So wurde die Linie zwischen Glauben und Unglauben noch vor Jahrzehnten scharf gezogen.

Vorbei! Auch wenn es bisher nur einzelne Kirchen sind, die sich der neuen Sitte öffnen – neben Osnabrück sind es Erfurt und Aachen –, der Anfang ist gemacht. Tatsächlich sind heute in deutschen Großstädten, aber bezeichnenderweise nicht auf dem immer noch traditionsverhafteten Land, mehr als die Hälfte aller Beisetzungen Feuerbestattungen. Internetforen geben juristischen Rat, wenn man eine Urne im eigenen Garten beisetzen will; es fehlt nicht an Stimmen, die sich über Schadstoffbelastungen und die Vorteile „biologisch abbaubarer" Urnen äußern.

Im Fall der „Heiligen Familie" in Osnabrück könnte man wohlwollend von einer „lernenden Kirche" sprechen, die das Habermas-Ideal erfüllt: Sie steht im Dialog mit den Wünschen der Menschen. Sieht man die Sache kritischer an, dann bemerkt man einen Spannungsverlust, eine Entropie der Ideen. Ob darin die Zukunft der Kirche liegt?

Baum und Wurzel

Das Schreiben des Papstes an die Bischöfe, am 10. März 2009 unterzeichnet, markiert ein Datum, das nachwirken wird. Benedikt XVI. erklärte sich zu den Vorgängen um die Aufhebung der Exkommunikation der vier Bischöfe der Pius-Bruderschaft. Er machte seine Beweggründe für den Akt des 21. Januar plausibel und gestand Pannen ein, wie es alle Welt von ihm verlangt hatte, aber wohl nicht in der Weise, die alle Welt sich gewünscht haben mochte. Das Schreiben hatte einen merkwürdigen, in seiner Schnelligkeit doch unerwarteten Effekt. Die deutschen Bischöfe ebenso wie die Priesterbruderschaft St. Pius X. reagierten freundlich, selbst die Bewegung „Wir sind Kirche", die katholische Linke, sprach von einem „bemerkenswerten Brief", verwandte sich aber zugleich auch für eine Geste gegenüber jenen Priestern, die wegen des Zölibats aus dem Amt geschieden sind.

Der Papst hatte in den Protesten gegen seinen Entscheid mehr gesehen: eine innerkirchliche Stimmung der „Bitterkeit", die „Verletzungen sichtbar machte, die über den Augenblick hinausreichen". Tatsächlich datieren die Vorbehalte gegen sein Pontifikat nicht von gestern. So populär Benedikt XVI. noch beim Weltjugendtag war, so schnell kam der Wechsel; spätestens als er die alte Messordnung wieder zuließ, rastete das Bild vom reaktionären Glaubenswächter wieder ein.

Der Protest gegen den Papst sammelte sich, so noch Anfang 2009 bei einer Demonstration „kritischer Katholiken" in Luzern, unter der Fahne des Zweiten Vatikanischen Konzils, die sie verteidigen wie andere ihr Achtundsechzig. Und diesmal glaubt man in der Miene des schreibenden Benedikt XVI. bei allem Ernst auch ein gerüttelt Maß an paulinischer ironischer Schärfe zu lesen. Jene, „die sich als große Verteidiger des Konzils hervortun", müsse man daran erinnern, dass das Zweite Vaticanum nur im Licht der gesamten kirchlichen Lehrgeschichte zu verstehen sei: „Wer ihm gehorsam sein will, muss den Glauben der Jahrhunderte annehmen und darf nicht die Wurzeln abschneiden, von denen der Baum lebt."

Das ist die ewige Kränkung für Modernisierer und ihr aktuelles Trauma: erfahren zu müssen, dass es oft gerade die heutigen Menschen zu den erwähnten „Wurzeln" zieht. Der reformerisch Gestimmte glaubt sich in eine verkehrte Welt versetzt, wenn sein Neues nicht überzeugt. Er bezieht seine kaum erschütterbare Sicherheit aus einer

Geschichtsphilosophie, die das Recht nur der Öffnung, nicht auch der Schließung, nur der Lockerung, nicht auch der Festigung im Lauf des Weltgeistes anerkennen will. Ginge es nach dem Reformer, dann gäbe es eine und nur eine Sinnrichtung der Geschichte, in der das Glück verbürgt ist. Merkwürdig: Eine Philosophie, die überall sonst in Misskredit geraten ist, hat in der einseitigen Anrufung des Konzils vielleicht ihr letztes Refugium.

Deutschland protestiert

Traum des Journalisten: Eigentlich müsste jede aktuelle Meldung die Menschen elektrisieren. Aber immer öfter merkt er, dass es selbst ihm nicht mehr gelingt, den Enthusiasmus für die Gegenwart aufzubringen und die Dinge so zu sehen, als sei die ganze Aufregung brandneu. Er hört vom Krieg im Gazastreifen und schlägt in der Bibel die Karte des Alten Testaments auf, da sieht er das Land der Philister, der Erbfeinde, ungefähr (sicher nicht exakt) mit den Umrissen des Territoriums der Hamas eingezeichnet. Es gibt wirklich wenig Neues unter der Sonne.

Eine europäische Sprachenkarte, über eine Karte der Konfessionen gelegt, belehrt darüber, dass die Länder romanischer Sprache eben auch zu Rom neigen, und jene mit germanischen Sprachen – Niederländer, Skandinavier und die Deutschen – die Stammlande des reformatorischen Denkens sind. Die Neuerungen des Zweiten Vatikanischen Konzils fanden unter den deutschen und niederländischen Kirchenführern eine deutlichere Zustimmung als bei denen aus Spanien, Lateinamerika und Italien. Und nun haben die Meldungen von Protesten gegen den Papst die Wochen nach der Entscheidung zur Piusbruderschaft beherrscht. Die Kanzlerin schaltet sich ein, Menschen treten aus der Kirche aus, geistliche Würdenträger erheben ihre Stimme gegen ein Wort aus Rom. Nirgendwo war der Protest heftiger zu vernehmen als in Deutschland, wo er die öffentliche Meinung so sehr bestimmte, dass man fast ausschließlich ihn zu hören glaubte. Der französische Staatspräsident ergriff das Wort erst, als Angela Merkel ihm vorangegangen war.

Auch in diesem Moment befällt den Journalisten das fatale Nachrichten-Phlegma: Er kann, sosehr er sich anstrengt, das Neue kaum noch erkennen. Deutschland ist das Land, das protestiert, seit jeher. So hat es ein Außenstehender gesehen, Dostojewski nämlich, vor mehr als hundert Jahren: „Von der anderen Seite erhebt sich der alte Protestantismus, der nun bereits neunzehn Jahrhunderte lang gegen Rom und die römische Idee protestiert, gegen die alte heidnische wie gegen die erneute katholische Idee." Der „Germane" glaube blind daran, „dass nur in ihm die Erneuerung der Menschheit liegt und nicht in der katholischen Zivilisation".

Dostojewski schrieb diese Zeilen im Angesicht des deutschen Siegestaumels nach dem gewonnenen Krieg gegen Frankreich 1870/71; inzwischen wissen wir, dass auch ein verlorener Krieg in ein energisches antifaschistisches Sendungsbewusstsein umgemünzt werden kann. Deutschland, so Dostojewski, lebe geistig auf nicht ungefährliche Weise geradezu vom Protest gegen seinen Feind. „Sobald der Katholizismus von der Erde verschwindet, wird nach ihm bestimmt auch der Protestantismus verschwinden, da er, wenn er gegen nichts mehr zu protestieren hat, sich in offenen Atheismus verwandelt und damit sein Ende findet." Kaum tröstlich ist es, dass Dostojewski diese letzte Konsequenz dann selbstironisch zurücknimmt und sie als rein private „Chimäre" bezeichnet.

Ein Kampf um Rom

Haben die Angriffe gegen Benedikt XVI. nun ihren Zenit erreicht? Der Journalist Christopher Hitchens, ein ehemaliger Anhänger des Trotzkismus (der besten Pflanzschule für heutige Demagogen, wie es scheint), später dann entschiedener Fürsprecher des Irak-Krieges, plädierte dafür, den Papst bei seinem Besuch in Großbritannien verhaften zu lassen.

Hitchens ist ein Extremist schlechthin, er kann sich nicht anders äußern als radikal, und seine Positionen stehen in einem inneren Zusammenhang. Der Krieg gegen den Irak musste geführt werden, um die säkularen Werte – darunter den Feminismus – auch im Nahen Osten zu verbreiten. Religion überhaupt hält Hitchens für ein „tödliches Gift" – und schon vor den jüngsten Skandalen nannte er die Religion an sich, nicht einzelne Fälle, eine Art von Kindesmisshandlung.

Da fällt es umso mehr auf, wenn aus einer unerwarteten Gegend das schlichte Wort „genug!" entgegenkommt. Ed Koch, früherer, legendärer Bürgermeister der Stadt New York, hat es in der „Jerusalem Post" ausgesprochen. Er sieht in den Vereinigten Staaten eine Medienkampagne gegen die Kirche, deren Ziel offenbar nicht länger die Information der Öffentlichkeit sei, sondern eine Strafaktion gegen den Katholizismus. Man spüre in vielen Artikeln den Genuss an den fortgesetzten Angriffen, wohl auch bösen Willen. Objektivität und Glaubwürdigkeit von Teilen der amerikanischen Presse seien beschädigt. Genannt wird die „New York Times".

Zu den Motiven hat Koch eine Vermutung: Die Haltung der Kirche gegen die Abtreibung, gegen die gleichgeschlechtlichen Partnerschaften, für die Fortdauer des Zölibats und gegen weibliche Priester sei für liberale Säkularisten seit langem eine Provokation. Überraschend ist nun vor allem, dass Koch dabei bekennt, in allen genannten Fragen anderer Meinung als der Katholizismus zu sein – aber die Kirche habe alles Recht, ja vielleicht die Pflicht, auf ihrer Haltung zu beharren. Koch spricht, ohne es ausdrücklich zu sagen, für institutionelle Stabilität und Verlässlichkeit, gegen individuelle Basteleien in Glaubensdingen. Die Kirche sei kein Buffet, bei dem man sich nach freier Wahl die subjektiv passenden Lehren aussuchen und andere verwerfen könne.

Und dann schildert er seine eigene Glaubensgeschichte, die ihn vom orthodoxen Judentum der Familie entfernte und zum gemäßigt-konservativen Bekenntnis führte, obwohl er auch heute den orthodoxen Gottesdienst bevorzugt. Wie das orthodoxe Judentum könne auch die katholische Kirche von ihren Bekennern Gehorsam verlangen; Andersdenkenden stehe es frei, die Gemeinde zu verlassen. Es sind konservative Gehalte, die Koch vertritt, wenn er von Gehorsam spricht. Er hält, wie er sagt, die Kirche für eine Kraft des Guten, für eine befriedende Macht. Diese Rolle kann sie aber nur erfüllen, wenn sie fest bleibt: So stellt sich die Lage einem erfahrenen Politiker dar.

Hoffnung vom Kirchentag

Vom 12. bis zum 15. Mai 2010 findet in München der Ökumenische Kirchentag statt. Er steht unter dem Leitwort „Damit ihr Hoffnung habt". Welche Fragen beschäftigen die Kirchen heute? Das Programmheft erlaubt erste Schlussfolgerungen. In der Hoffnungskirche können wir an einem „Ökumenischen Queergottesdienst" unter dem Titel „LesBISchwul mit guter Hoffnung" teilnehmen. Wer damit Probleme hat, mag sich über „Christliche Homophobie" belehren lassen und bei einer „Vigil für die Opfer der Homophobie" innerlich Einkehr halten.

Helke Immel, Pfarrerin in München, trägt vor: „Gesegnet auf gemeinsamen Wegen. Kirchliche Segnung gleichgeschlechtlicher Partnerschaft". Das Programm ist abwechslungsreich und bietet auch Cineasten etwas, zum Beispiel den Film „Homosexuell und christlich – das geht?!". Oral History gibt es bei „Gefangen im falschen Körper – Transsexuelle erzählen". Der Vortrag „Sexualität und Spiritualität" mit anschließendem Workshop wird ausgerichtet von Wolfgang Perlak von der Gruppe Homosexuelle und Kirche. Am nächsten Tag folgen Berichte über Kinder in gleichgeschlechtlichen Partnerschaften.

Wer Autorenlesungen schätzt, wird sich Rainer Hörmann nicht entgehen lassen: „Samstag ist ein guter Tag zum Schwulsein".

Ein „Netzwerk kath. Lesben" bietet unmittelbar im Anschluss den Frauenworkshop „Coming-Out als Kreuzung. Gott liebt mich – Ich liebe eine Frau". Das Kirchentagsmotto selbst findet ein hübsches Echo in dem Vortrag „Damit ihr Hoffnung habt – Zum Verhältnis von transidentem (transsexuellem/transgender) Leben und der Kirche", in dem wir Mari Günther aus Berlin hören werden, die sich als „Systemische Therapeutin und Väterin" vorstellt. Ja, Väti, gern! Es folgt – ein Mittagsgebet, wahr und wahrhaftig.

Danach ist man gestärkt für authentische Erfahrungsberichte in der Veranstaltung „Que(e)r durch Europa – Let our voices be heard! Christliche Lesben erzählen ihre Geschichte". Gilt es doch auch, eine besondere „Lesbische Spiritualität" kennenzulernen. „Aus dem Schrank in die Vitrine" ist ein rätselhafter Titel; immerhin sagt die Unterzeile, worum es geht: „Lesben schreiben ihre eigene Kirchengeschichte". Der Brief des Paulus an die Römer wird als „Das Seufzen der Schöpfung und die Hoffnung der Lesben" „feministisch-lesbisch que(e)rgelesen".

185

In zwei Teilen findet zum Thema „Lesbisch, schwul – und du?" ein Coming-out-Workshop statt. Bitte auch notieren: „Lesben und Schwule im Alter". Dazu eine Fotoausstellung „Die Verzauberten – Gesichter und Geschichten alter schwuler Männer". Ob man dann zum „Jugendfrühstück für Lesben, Schwule und ihre Freunde" gehen wird? Es mag Leser geben, die uns vorwerfen, wir hätten das alles erfunden. Ihnen müssen wir sagen, dass sie unsere Phantasie weit überschätzen. Verantwortlich zeichnen vielmehr Alois Glück vom Zentralkomitee der deutschen Katholiken und der evangelische Mediziner und Ethiker Eckhardt Nagel.

Avalon ist nicht Rom

Priesterinnen gibt es in der mittelmäßigen Fantasy-Literatur. Zwar kannte auch das Altertum Priesterinnen, etwa die vestalischen Jungfrauen in Rom, aber diese waren ausschließlich mit dem Kult weiblicher Gottheiten betraut. Der „Pontifex maximus" blieb doch immer ein Mann. Oder der Ursprung des Kultortes war mit einer Erdmutter verbunden, wie im griechischen Orakelort Delphi, wo die Pythia, durch die aus einer Erdspalte aufsteigenden Dämpfe in Trance versetzt, den Weltwillen mitteilte.

Weil aber das Alte Testament keine Göttinnen kannte, gab es hier auch keine Priesterinnen. Das Neue Testament hat diese Exklusion übernommen. Im 1. Brief an Timotheus äußert sich der Apostel Paulus dazu: „Eine Frau soll sich schweigend in aller Unterordnung belehren lassen. Zu lehren gestatte ich einer Frau nicht. Sie soll auch nicht über den Mann herrschen wollen, sondern sich still verhalten. Denn Adam wurde zuerst erschaffen, dann erst Eva. Und nicht Adam wurde verführt, sondern die Frau ließ sich verführen und kam zu Fall."

Die Passage steht nicht vereinzelt; die Ansicht ist auch

nicht auf Paulus beschränkt, von Petrus wird sie geteilt. Vielleicht, so könnte eine Erklärung der offensichtlichen Ungleichheit lauten, wollte sich gerade die junge Kirche ganz auf die Verkündigung konzentrieren und zusätzliche Konfliktfelder mit der ohnehin schwierigen nichtchristlichen Umwelt vermeiden. Aber mit diesem unterstellten reinen Pragmatismus würde man die in der Gemeinde plausiblen biblischen Begründungen wieder löschen.

Das positive Modell auch des Neuen Testaments ist Sara, die Gattin des Patriarchen Abraham. Sie wird sogar lobend „Herrin" genannt. Aber gerade Saras segensvolles Wirken war auf den Binnenraum der Familie beschränkt, nie tritt sie nach außen hin – etwa bei politischen Verhandlungen – in Erscheinung. In Eva aber, so mag der Gedanke gelautet haben, war diese Verteilung der Aufgaben verdreht worden: Sie übernahm, ja sie usurpierte die Außenbeziehungen, mit dem bekannten fatalen Resultat.

Inzwischen mehren sich aus dem Kreis katholischer Laien die Stimmen, die eine Ordination von Frauen fordern. Der bekannteste, aber bei weitem nicht der einzige Anwalt dieser Reform ist Hans Küng. Das Kirchenrecht ist eindeutig: „Die heilige Weihe empfängt gültig nur ein getaufter Mann." Das Problem, vor dem die Kirche steht, ist dramatisch. Sicher kann sie, wenn sie sich nur auf die überlieferte Praxis und keine besseren Gründe beruft, Frauen noch fünfzig Jahre vom Priesteramt ausschließen – irgendwann aber werden solche Wälle brechen. Oder aber: sie entschließt sich zu einer wirklichen, also philosophisch-anthropologischen, biblisch fundierten Begründung ihrer Haltung, die jeder Egalität widerspricht. Dies aber würde auf einen Konflikt mit allem hinauslaufen, was heute über die Geschlechter- oder vielmehr Genderdifferenz gelehrt wird. Einen dritten Weg gibt es nicht.

Katholische Melancholie

Die Zeitschrift „Fuge" wird herausgegeben von der Berliner Katholischen Akademie, sie will ein „Journal für Religion und Moderne" sein. Der intellektuelle Anspruch ist sehr hoch und der Ertrag sicher reicher als sonst bei Publikationen von kirchlichen Akademien. Man versucht, die Brücke zwischen der großen Dichtung des zwanzigsten Jahrhunderts und einer bewahrenden Ansicht in liturgischen Fragen zu finden.

Das ist auf den ersten Blick ein sehr anziehendes Vorhaben, dem man seine Sympathie nicht verweigern möchte. Die Herausgeber Martin Knechtges und Jörg Schenuit sind Anfang vierzig: Jung genug also, um sich mit dem Reformwerk des Zweiten Vatikanischen Konzils nicht völlig zu identifizieren. Aber als entschiedene Fürsprecher der Tradition wollen sie auch nicht einfach gelten; bei diesen nämlich vermutet man im Kreis der „Fuge"-Autoren einen „rastlosen Geist" (so steht es im 6. Band) – und das ist kritisch gemeint im Gegensatz zu „kontemplativ", zu konzentrierter Demut. Nur: Wo wären denn diese künstlerisch gestimmten Freunde der alten gottesdienstlichen Formen heute, wenn sich nicht mancher rastlose Geist eben selbst in die Bresche geworfen hätte?

Schenuit trägt eine Sammlung seiner Reflexionen unter dem Titel „Masken der Umkehr" bei. Umkehr – das ist die Haltung des Christen, der dem Weltbetrieb eine Entscheidung entgegensetzt. Und die Masken? Das sind hier die psychologischen Zwischenlagen, Unentschiedenheiten des Modernen. Schenuit schlägt oft den steilen, einsamkeitsverliebten Nietzsche-Ton an, aber nicht in leichter Gipfelluft, sondern in lastender Großstadtschwüle und verrauchten Zimmern, die nur einen Bewohner zu kennen scheinen. Nicht aus der herausgekehrten und deshalb auch so fragwürdigen Hochgestimmtheit Zarathustras schreibt er, sondern aus dem Geist der schwarzgalligen, melancholischen Zerfallspoesie von Fernando Pessoa und Emil Cioran, und alles zusammen klingt (trotz mancher triftigen Beobachtung) ein bisschen nachgeahmt, wie Botho Strauß auf Celanesisch oder eben Cioranesisch.

Diese Kritik ist vielleicht eine Spur zu scharf, denn der Wille bei der „Fuge" ist gut, und natürlich sind die Risiken und Abwegs-Gefahren einer subjektiv bekennenden Prosa heute enorm; es gibt die Sprache noch nicht, der man sich als Glaubender und zugleich einigermaßen freier Kopf schlicht anvertrauen könnte.

Bei der „Fuge" ist noch nicht klar, wohin die Reise gehen soll. Man findet den ästhetischen Radikalismus, der den Konservativen von jeher naheliegt – und die Absage ans Radikale, dort, wo es ernst würde. Die Verbindung mit den Reformern – den „liberal gepanzerten Katholiken" – scheut man, aber ebenso sehr die Gemeinschaft mit den „Gegenaufklärern". Fuge also, Zwischenraum, aber noch keine Fügung.

Julien Green in der Kirche

Ist es ein frivoler, also ganz unreligiöser Ästhetizismus, der die Anhänger der alten Liturgie in der katholischen Kirche bewegt? Wenn man sich vergegenwärtigt, dass es in den frühen siebziger Jahren vor allem Menschen mit ästhetischem Urteil waren, die sich den nachkonziliaren liturgischen Reformen verweigerten – darunter waren klingende Namen wie die der Schriftsteller Jorge Luis Borges und Evelyn Waugh, ein dem Surrealismus nahestehender Künstler wie Giorgio Chirico, die Filmregisseure Carl Theodor Dreyer und Robert Bresson -, dann liegt die Idee nahe, dass es sich um einen elitären Kreis gehandelt haben könnte, der dem „Kirchenvolk" im Grunde fernstand.

Andererseits aber war es ihnen ernst. Sie sahen auf die Form, ohne die der ehrwürdigste Inhalt versickern kann. Die bewegendsten Zeugnisse einer Sorge um die Kirche findet man in den Tagebüchern des französisch-amerikanischen Schriftstellers Julien Green (1900-1998). Unter den geistlichen Übungen des Laien sollte der Besuch der Kirche an erster Stelle stehen, und Green war ein großer Kirchgänger, ein vergleichbares spirituelles Tagebuch wird man nicht leicht finden. Er, der Hebräisch gelernt hatte, um das Alte Testament zu lesen, hat es sich mit seiner Skepsis gegen die Reformen nicht leichtgemacht. „Die Messe auf Französisch", notiert er im Juli 1976, „ich will versuchen, mich an sie zu gewöhnen, sie vielleicht zu lieben" – allein, es gelingt ihm nicht, er fühlt sich zurückgestoßen.

Am 15. Juni 1976 notiert er nach einem Besuch in der Kapelle der Rue Cortambert, dass die Schwestern nicht mehr singen: „Im Winter singen die Vögel nicht, Winter ist in der Kirche eingekehrt." Was er sucht, ist eine liturgische Form, die das Mysterium vergegenwärtigt. Und so beginnt er, auf die Kirchen des Ostens zu schauen. Sie waren ihm nicht fremd, denn schon als Knabe hatte er an einer Feier teilgenommen, bei der man um die Genesung des Zarewitsch betete. Hier, bei den Russen und den Ukrainern, auch bei den Armeniern, deren Kirche er während einer Iran-Reise aufsucht, findet er, was in seiner Kirche zu verschwinden drohte, und er scheute sich nicht, es das „Poetische" zu nennen. Jeder, der einmal an einer orthodoxen Liturgie teilgenommen hat, weiß, wovon Julien Green sprach. Das Äußerliche ist eben doch nicht äußerlich. Und wer von „Ästhetizismus" redet, könnte nachdenklich werden, wenn er Greens Beschreibung der tiefen Singstimmen der Ukrainer liest: Er hört ein Tosen, das ihn geradezu in Aufruhr versetzt, das den „ältesten Glauben berührt, belebt: den des Kindes, dem das Königreich des Himmels sich öffnet".

Wenn von der „Ökumene" die Rede ist, dann denkt der Deutsche meist an die evangelischen Kirchen. Von Rom aus treten andere Gegenden in den Blick: die anglikanische Weltkirche, und vor allem die griechische und russische Orthodoxie. Von Benedikt XVI. weiß man, dass sein Blick nach Osten besonders aufmerksam ist.

Freitags nur Kaviar: Evelyn Waugh

Zu den Katholiken, die in den frühen sechziger Jahren den Reformgedanken des Zweiten Vatikanischen Konzils mit Sorge, ja mit wachsender Verzweiflung gegenüberstanden, gehörte der britische Schriftsteller Evelyn Waugh. In seinen Romanen wurde er zum scharfen und oft hochamüsanten Beobachter der Gesellschaft, und seine Briefe geben herrlich absurden, ein wenig boshaften Klatsch aus den höheren Ständen zum Besten.

Aber mit dem katholischen Bekenntnis war es ihm ernst, und seine Treue zur Kirche, wie er sie kennengelernt hatte, als er 1930 konvertiert war, ist ergreifend. Die wenigen Stellen seiner Briefe, in denen vom Gebet die Rede ist (besonders anlässlich der Krankheit seines Sohnes), zeigen zur Genüge, dass hier kein lebensfremder Ästhet spricht, wie überhaupt gerade er, ein mit allen ästhetischen Wassern gewaschener Autor, von einer Verkünstelung der Kirche am wenigsten wissen wollte. An Lady Diana Cooper schreibt er einmal: „Glaube ist keine Stimmung." Er hält sich auf seine Weise an die kirchlichen Gebote und speist an einem Freitag – nur Kaviar.

1964 macht er in einem Brief an Monsignore McReavy

seinem Herzen Luft: „Für mich ist die neue Liturgie eine Versuchung gegen Glaube, Hoffnung und Liebe, aber ich werde niemals – Gott helfe mir – abtrünnig werden." Und kurze Zeit später: Er fühle sich alt, das Konzil habe ihm allen Mumm genommen. Sein letzter Brief datiert vom 30. März 1966, er ist an Lady Mosley gerichtet. Ostern habe ihm immer viel bedeutet, schreibt Waugh, *vor* dem Konzil, nun sei die Schönheit der Liturgie zerstört, zur Kirche gehe er aus reinem Pflichtbewusstsein; am Glauben halte er stur, aber ohne Freude fest. „Ich werde die Restauration nicht mehr erleben." Am darauffolgenden Ostersonntag starb er, nach dem Besuch der Messe.

Aber man erkennt an Waughs Briefen auch die Risiken, die ein katholischer Reaktionär eingeht. Eine Liturgie in der Alltagssprache schlechthin aller Völker werde zu Hunderttausenden Versionen führen. „Wie Sie wissen, sind die meisten afrikanischen Sprachen durchaus unfähig, theologische Bedeutungen auszudrücken, und manche unter ihnen haben nicht einmal ein Wort für ‚Jungfrau‘, wie man mir sagt – nur zwei Wörter für Mädchen vor und nach der Pubertät." Der ganze Gedankengang ist falsch. Natürlich haben die afrikanischen Sprachen das Wort „Jungfrau", denn Schwellen und Übergänge der Lebensphasen spielen gerade dort eine große Rolle. Es geht aber um mehr als bloß um die faktische Frage. Denn angenommen, theologische Gedanken oder auch nur die Idee „Jungfrau" ließen sich in bestimmten Sprachen nicht ausdrücken – so dass deren Sprecher erst Latein lernen müssten, um der Wahrheit innezuwerden -, so wäre dies eine Widerlegung der universellen Botschaft des Christentums. Evelyn Waugh verschenkte, dieses eine Mal, eine Einsicht an einen hübschen Zynismus, an ein Vorurteil des Kolonialisten.

Kapitel VII

Bitte um eine Ecclesia militans

Krieg der Kulte

Der „Krieg der Welten" war das phantasierte Vorspiel für den Weltkrieg. Vom Himmel, vom Mars nämlich, kam der Angriff. Und der Weltkrieg sollte den Weltfrieden bringen, am Ende sogar die Weltregierung. Aber der Krieg der Welten musste deshalb auch ein Religionskrieg sein. Wenn nun der Film von Steven Spielberg anläuft, gedreht nach dem zu Recht berühmten Roman von H.G. Wells, dann hat der mitteleuropäische Zuschauer allen Grund, noch einmal des Gesamtwerks dieses Autors zu gedenken, das den Bereich des Romans weit überschreitet. Wells war ein Schriftsteller von erstaunlicher Schaffenskraft. Er begriff früh die Versprechungen der Technik – bis zur Möglichkeit biologischer Manipulationen in dem Roman „Die Insel des Dr. Moreau", in dem eine wissenschaftlich veränderte Tierwelt auftaucht. Dann, als die eigentliche literarische Produktivität erlosch, entwarf er Weltgeschichten, die um 1930 in Kreisen der technischen Intelligenz hochgeschätzt wurden, weil sie die wachsende Rolle dieser Schicht in die Zukunftsvision einer Welt-Technokratie übersetzten. Nach rein sachlichen Gesichtspunkten sollte künftig die Welt von einer wissenschaftlichen Elite gesteuert werden. Nur musste erst der Widerstand beiseite geräumt werden. 1943 erschien von Wells die Schrift „Crux Ansata", eine der merkwürdigsten Abrechnungen mit der katholischen Kirche, die je geschrieben wurde. Das Buch stellt die Frage, warum die britischen Luftstreitkräfte eigentlich bisher davon absahen, Rom zu bombardieren. Wells hielt einen Luftschlag gegen Rom für sinnvoll, ja für zwingend. Rom nämlich sei als Zentrum des Katholizismus einer der Brennpunkte des Weltübels: Rom habe das Christentum mit dem Aberglauben der etruskischen Priester gekreuzt, mit den düsteren Praktiken der Eingeweide-Schauer und -Wahrsager; Rom habe die blutigen Riten des Mithras-Kultes in die neue Welt hineingetragen. Und der Papst sei deshalb seit dem Beginn des Krieges der geschworene Verbündete der „Nazi-Faschisten-Schinto-Achse" gewesen, der Achse des bösen Aberglaubens. Der Titel „Crux Ansata" spielt auf das ägyptische Henkelkreuz an, das auch von den Kopten verwendet wurde. So war der Kriegsbeitrag des reformerisch gestimmten Schriftstellers beschaffen, der für die alliierte Propaganda tätig gewesen war: die Kirche – eine „Krake". Nur mehr Böses sei von ihr zu erwarten in der Welt, die nun, 1943, endlich erwache. „Ein gründliches Bombardement von Rom (à la Berlin) ist nicht nur wünschenswert, sondern notwendig." Das war fast das letzte Wort des Menschenfreundes, des Sozialreformers, des Visionärs des kommenden Weltfriedens.

Madonna und Kabbala

Pop und Esoterik: Das ist eine nicht ganz neue Symbiose. Sie entstand in den späten sechziger Jahren, als die Musik zum Transportmittel eines neuen Zeitalters werden sollte. Zunächst schweifte man in indische Sphären; an der amerikanischen Westküste hatten Gurus schon immer ein gutes Auskommen. Heute aber ist es die Kabbala, die in der Pop-Welt von sich reden macht. Stars und Sternchen wie Madonna oder Britney Spears zeigen sich mit roten Talisman-Armbändern, die von einem amerikanischen Zentrum dieser Lehre vertrieben werden.

Merkwürdig ist diese neue Popularität aus mehreren Gründen. Das Judentum betreibt ja keine Mission im großen Stil, im Unterschied zum Christentum und zum Islam; die Konversion wird eher erschwert als erleichtert. Aber es gibt Strahlungsfelder des jüdischen Glaubens diesseits der Mission.

Auch Madonna, die katholisch getauft wurde, ist trotz ihrer Kabbalapraktiken nicht zum Judentum konvertiert. Immerhin hat sie den Namen „Esther" angenommen. Steht dahinter nur die Idee einer „Mystik an sich", einer Mystik, die von den üblichen Pflichten des Glaubenslebens entbindet? Nein. Und man sollte über diese marktgängig gemachte amerikanische Kabbala nicht nur lächeln. Sie bedeutet mehr als unverbindliche Seelen-Wellness, die Sache hat einen ernsthaften Kern.

Eine Besonderheit der Kabbala liegt darin, dass sie nicht einfach Mystik ist, also nicht nur engere Beziehung zum Göttlichen, sondern eine Geheimlehre. Sie kennt die Seelenwanderung und manch andere verborgene Prozesse zwischen Gott und Mensch. Seit der Renaissance hat sie bedeutende europäische Köpfe beschäftigt. Vor allem aber ist sie eine esoterische Form, über die historischen Geschicke des Volkes Israel zu sprechen. Einer ihrer Hauptbegriffe ist das Wort „Tikkun". Es meint eine Folge von Taten des Menschen, die den „Bruch der Gefäße" wieder heilt. Denn nach der Lehre des großen Kabbalisten Isaac Luria war es eine Krise im Schöpfungsvorgang selbst, in deren Folge, in einem „Zerbrechen der Gefäße", die zur Aufnahme der göttlichen Wirkungen bestimmt waren, dämonische Kräfte freigesetzt wurden. Der „Bruch der Gefäße" lässt sich, wenn man Gershom Scholem folgt, dem tiefsten Kenner dieser Dinge, als eine Mystik des Exils verstehen. „Nichts ist mehr dort, wo es eigentlich sein sollte. Alles steht irgendwo anders. Ein Sein aber, das nicht an seinem Orte ist, ist im Exil. Und so ist denn alles Sein von jenem Urakt an ein Sein im Exil und bedarf der Rückführung und Erlösung."

Tikkun heißt der menschliche Anteil bei der Ankunft des Messias, das so bezeichnete Handeln wird zum „Garanten der vollzogenen messianischen Restitution aller Dinge aus ihrem Exile". Mögen also die Adepten der amerikanischen Neo-Kabbala zum Judentum konvertieren oder nicht: Sie haben Teil am jüdisch-messianischen Traum, selbst wenn sie nur rote Armbändchen tragen. Nicht zu Unrecht hat man deshalb in Israel den Besuch der kabbalistischen Sängerin als Politikum betrachtet, indem sie vom Ministerpräsidenten Netanjahu empfangen wurde.

Toleranz und Kirchenrecht

„Das verlorene Symbol", der neue Erfolgsroman von Dan Brown, erzählt eine spannende Geschichte rund um die Freimaurer. Sie wollen, wenn man dem amerikanischen Autor folgt, nur das Beste für die Menschheit. Aus seltsamen Gründen umgeben sie sich dafür mit einem streng gehüteten Geheimnis. Ähnlich wohlwollend sieht es eine soeben erschienene kirchenrechtliche Dissertation: Danach pflegen die Mitglieder der Bruderschaften „Werte wie Freundschaft, Toleranz, Humanität und Fürsorge in einem exklusiven Raum". Wer möchte sich dem entgegenstellen?

Der Verfasser der Arbeit, Klaus Kottmann, leitet seit 1996 die Fachstelle Kanonisches Recht im Erzbischöflichen Generalvikariat Hamburg. Seit kurzem tourt er durch die Kirchen mit dem Vortrag „Freimaurerei und Katholische Kirche – wirklich unvereinbar?", und man ahnt, dass für ihn die Antwort schon in der Titelfrage beschlossen ist. Denn andere Orden betrachtet Kottmann weniger freundlich. Sein Vortrag „Fundamentalismus in der katholischen Kirche am Beispiel vom Opus Dei" wurde angekündigt, dann aber verschoben.

„Die Freimaurer und die katholische Kirche. Vom geschichtlichen Überblick zur geltenden Rechtslage" heißt die erwähnte Doktorarbeit. Ursprünglich hatte die Kirche die Logenbrüder automatisch exkommuniziert; den heutigen Stand der Dinge erläuterte als Präfekt der Glaubenskongregation Joseph Kardinal Ratzinger 1983: „Das negative Urteil der Kirche über die freimaurerischen Vereinigungen bleibt also unverändert, weil ihre Prinzipien immer als unvereinbar mit der Lehre der Kirche betrachtet wurden und deshalb der Beitritt zu ihnen verboten bleibt. Die Gläubigen, die freimaurerischen Vereinigungen angehören, befinden sich also im Stand der schweren Sünde und können nicht die heilige Kommunion empfangen."

Welches sind nun die vom damaligen Kardinal Ratzinger angedeuteten Prinzipien der Freimaurerei? Eine Organisation, die sich als „Tempel" ausgibt, einen überkonfessionellen Gott statuiert (den „Allmächtigen Baumeister aller Welten"), die einen anderen als den christlichen Kalender einführt und eine eigene „Weihe" erteilt, muss an sich schon in einen Widerspruch zur Kirche geraten.

Der französische Kriminologe Alain Bauer, ehemaliger Großmeister der Großloge des „Grand Orient", innenpolitischer Berater von Nicolas Sarkozy, sprach von der Maurerei als „einer Art Kirche der Republik". Das ist es, und diese Kirche kann nicht die Kirche Christi sein. Diese Kirche nämlich hat einen klaren Auftrag, der sich aus dem ersten Johannes-Brief der Bibel herschreibt: „Jeder Geist, der bekennt: Jesus Christus ist im Fleisch gekommen, ist aus Gott. Und jeder Geist, der Christus nicht bekennt, ist nicht aus Gott. Das ist der Geist des Antichrists, von dem ihr gehört habt, dass er kommt. Jetzt ist er bereits in der Welt."

Jesus auf der Couch

Stößt ein heller, aufgeklärter Kopf mit dem Neuen Testament zusammen, dann wird man zunächst einmal aufmerken; vor allem, wenn es sich nicht um einen akademischen Religionsgeschichtler aus dem Forschungsbetrieb handelt, sondern um einen Selbstdenker; gar noch einen, der mit allen Wassern der kritischen Theorie gewaschen ist. So greift man also zu Christoph Türckes neuem Buch „Jesu Traum".

Vielleicht stockt man aber schon bei dem Untertitel: „Psychoanalyse des Neuen Testaments". Sind da nicht Gewichte auf die Waagschalen gelegt, die einander niemals ausgleichen können? Die Versuche der Psychoanalyse, auch kulturelle, ja religionsgeschichtliche Phänomene mit ihren Techniken deutend aufzulösen, waren nie sehr glücklich; meist ging es schon bei Freud ohne eine gewisse Gewaltsamkeit nicht ab: Ein neuer Kontinent wollte erobert sein, und da war das Unbewusste hervorzuzerren, auf Biegen oder Brechen.

Andererseits möchte man ja gerade, wenn es um Christus geht, etwas über die Seele erfahren. Aber es ist bei Türcke doch nur wieder die angejahrte Geschichte vom traumatisierten, ungeliebten Kind, die man zu lesen bekommt. Sie geht so: Jesus war unehelich geboren. Die Familie schloss ihn deshalb aus. Oder, zweite Möglichkeit, er war der Sohn des Josef, aber ein „Sonderling", das Ergebnis wäre das gleiche. So blieb der Verachtete auch ein Analphabet. In Johannes dem Täufer findet er einen Ersatzvater. Die Worte, die nach der Taufe aus dem Himmel klingen – „Du bist mein lieber Sohn, an dem ich Wohlgefallen habe" -, wurden in Wahrheit von Johannes gesprochen und, wie Türcke glaubt, „nach der Logik des Traumbilds in den Himmel verschoben".

Und nicht „der Geist" treibt Jesus nach der Jordantaufe in die Wüste, wie das Evangelium des Markus berichtet, sondern nach einem Konflikt mit Johannes wird Jesus von diesem verstoßen und verflucht. Die Heilungen der Blinden, Lahmen und Aussätzigen – nach Türcke nichts anderes als die Suggestionen eines antiken Heilpraktikers angesichts von „Sehstörungen, Lähmungen, Hautausschlägen".

So folgt eine fabulierende, willkürliche Assoziation der anderen, man hat am Ende einen psychologischen Roman – die bislang letzte Stufe der Leben-Jesu-Forschung. Merkwürdig bei alldem ist es doch, dass die Plattheit des

„traumatisierten Kindes" den blinden Fleck dieser intellektuell sehr elaborierten Darstellung ausmacht – noch die gröbste kirchliche Dogmatik ist geistig anspruchsvoller, schwieriger als Türckes Auflösung der biblischen Welträtsel mittels psychoanalytischer Kunstturnerei.

Man kann es geradezu als Regel der Theologiegeschichte aufstellen: „Ketzerische" Lehren produzieren Spannungsverluste. Und immer gibt es eine Intelligenz, so selbstverliebt in die eigene Aufgeklärtheit, dass sie das banale Ende ihrer Erklärungen nicht mehr erkennt.

Die Gabe des Lebens

Um keinen Preis möchte man eine Lehre unterstützen, die dem Menschen eines Tages Leiden aufbürdet, die man selbst nicht ertragen würde. Das ist die eine Seite des Dilemmas bei der Sterbehilfe: Wer weiß schon im Voraus, ob er im Ernstfall wirklich noch die Kraft zum duldenden Weiterleben aufbringt? Und wer nicht sicher weiß, ob er nicht eines Tages doch zur Phiole mit dem tödlichen Cocktail greift, wird sich in der Debatte zurückhalten.

Auf der anderen Seite aber sieht man die Anwälte der unbegrenzten Selbstbestimmung, etwa Ludwig A. Minelli, den Chef der schweizerischen Sterbehilfe-Organisation „Dignitas", die vom Recht des Menschen sprechen, autonom über den Moment des Todes zu entscheiden, wenn er das Leben nicht mehr erträgt. Der Staat habe dann geradezu die Pflicht, für kommerzielle Organisationen wie „Dignitas" die nötigen rechtlichen Voraussetzungen zu schaffen.

Aber hier fehlt eine entscheidende moralische Dimension. Herrschend wird eine zum radikalen Autonomismus gesteigerte Haltung, die das Moment des Geschenks, der Gabe, nicht mehr wahrnimmt. Das Leben gerät in die Verfügung des Einzelnen gleichsam als sein Privateigentum. Sehr ähnlich war es schon in den siebziger Jahren, als es um die Freigabe der Abtreibung ging; die feministische Parole lautete damals: „Mein Bauch gehört mir!" An dieser Stelle meldet sich eine Intuition, die in der schlichten Übertragung der liberalen Kategorien des Eigentums und des freien Verfügens darüber, also in der Rhetorik des „Mir-Gehörens" auf das Leben selbst, auf das eigene wie auf das werdende, eine durchaus fragwürdige Grenzüberschreitung des Liberalismus erkennt.

Wie auch immer man den wirklichen Charakter des Lebens beschreiben will, ob theologisch oder anders: Es bleibt etwas daran, das man nicht in einem Vertragsverhältnis erworben, sondern als Geschenk aller Geschenke erhalten hat. Heute ist es die Kirche, die diesen gar nicht konfessionellen, sondern allgemeinen Gedanken zu ihrer Sache gemacht hat.

Wer das Leben als Privateigentum betrachtet, steigt aus der Folge des Empfangens und Weitergebens in der Generationenkette aus, die Gemeinschaft der Geschlechter wird gekappt. Und der Besitzindividualismus wird auf die Spitze getrieben – dorthin, wo er seine Überzeu-

gungskraft verliert. Der Mensch wird dann zum Eigentü-
mer-Atom, und damit verkennt er sich selbst.

Es gibt also Grenzen des Liberalismus, und gerade
die größten liberalen Denker wie Friedrich August von
Hayek waren es, die in einer Ausweitung des Autonomismus auf Bereiche, die nicht zur Wirtschaft gehörten, eine
fatale Anmaßung erkannten. Aber auch diese Anmaßung
ist ein Erbe der Aufklärung, die heute viel gefeiert und
selten überdacht wird.

Kirchen zu Pferdeställen

Wer wird nicht Heinrich Heine loben! Man sollte ihn aber wirklich lesen. In seinem satirischen Versepos „Deutschland. Ein Wintermärchen", das 1844 erschien und seinen zurückgebliebenen Zeitgenossen heimleuchten sollte, finden sich auch bissige Anwürfe gegen die damaligen Pläne zur Fertigstellung des Kölner Doms. Denn dieser hatte ja so lange unvollendet gestanden, dass ein Witzwort aufkam: Am Tage seiner Vollendung werde auch die Welt untergehen.

Aber 1842 konnte man endlich den Grundstein für den Weiterbau legen. Romantische Mittelalterbegeisterung der Intellektuellen hatte das Vorhaben gefördert. Von solchen Ideen, die ihm ganz rückwärtsgewandt erschienen, wollte Heine nun gar nichts wissen. „Ja, kommen wird die Zeit sogar, / Wo man, statt ihn zu vollenden, / Die inneren Räume zu einem Stall / Für Pferde wird verwenden." So steht es im vierten Teil des „Wintermärchens", und im siebenten wird die Phantasie noch einmal aufgegriffen: „Der Zukunft fröhliche Kavallerie / Soll hier im Dome hausen."

Die Umwandlung von Kirchen in Pferdeställe war gängige Praxis in dem von revolutionären französischen

Truppen besetzten Westdeutschland. So 1794 in Aachen oder in Ingelheim, wo die vorromanische Saalkirche beschlagnahmt wurde und als Pferdestall, Hospital und Gefängnis diente. Der Brauch kam unter Napoleon wieder auf, 1812 wurden in Münster Kirchen und Klöster zu Magazinen und Pferdeställen. Heine konnte mit Lesern rechnen, denen der Frevel mindestens in der lokalen mündlichen Überlieferung noch gegenwärtig war.

In der von Heine angepeilten Zukunft sind wir angekommen – und ganz ohne fröhliche Kavallerie. An Nachrichten vom Verkauf oder der Umwidmung von Kirchen und Klöstern herrscht in diesen Tagen kein Mangel. Das Kloster Ommerborn bei Köln ist in Verhandlungen mit einem niederländischen Investor, der eine Tagungs- und Bildungsstätte daraus machen will, die künftig von Betrieben, aber auch von „spirituellen Gruppen" genutzt werden soll. Der letzte Pater des Klosters wird also bald das Licht ausmachen.

In Sailauf im Spessart – einem Ort mit ein paar tausend Einwohnern, der zwei Kirchen hat – plante man den Abriss der einen. Es ist die Auferstehungskirche. Der Bau hätte renoviert werden müssen. Dann ging alles ganz schnell; man räumte die Kirche aus und zerschlug den Altar, der Bau wurde offiziell entweiht. Die Bevölkerung erfuhr davon in einem Aushang. Ein Abschiedsgottesdienst entfiel, weil die Kirche wegen Einsturzgefahr schon amtlich gesperrt war. Ein Investor, mit dem man im Gespräch war, zog sein Angebot zurück, nun wird der Bagger kommen – Heine würde vielleicht gesagt haben: „So sicher wie das Amen in der Kirche."

Eine Kultur des Todes

In Frankreich werden ideenpolitische Kämpfe noch offen ausgesprochen. Der Laizismus ist dort eine starke gesellschaftliche Kraft. Er stellt sich gegen die Kirche gerade in den bioethisch sensiblen Fragen. Man sollte sich deshalb den Namen Pierre Simon merken. Der Franzose verstarb im Jahr 2008, aber sein Einfluss auf die Gesetzgebung seines Landes ist kaum zu überschätzen.

Von Beruf Gynäkologe und Endokrinologe, engagierte er sich seit den fünfziger Jahren als prominentester Streiter für das, was man wohlwollend „Familienplanung" nennt und was, weniger vornehm gesagt, auf Empfängnisverhütung und Abtreibung hinausläuft. Sein größter Triumph war 1975 die Legalisierung der Abtreibung in der von ihm mitverfassten „Loi Veil", benannt nach der damaligen Gesundheitsministerin Simone Veil.

Benedikt XVI. hat sich in der Enzyklika „Caritas in veritate", Liebe in Wahrheit, zu diesem Komplex mit erfreulicher Klarheit geäußert. Er beklagt die Praktiken der Bevölkerungskontrolle durch die Regierungen in vielen Teilen der Welt, „die oft die Empfängnisverhütung verbreiten und sogar so weit gehen, die Abtreibung anzuordnen. In den wirtschaftlich mehr entwickelten Ländern sind die lebensfeindlichen Gesetzgebungen sehr verbreitet …, sie tragen dazu bei, eine geburtenfeindliche Mentalität zu lancieren, die man häufig auch auf andere Staaten zu übertragen sucht, als stelle sie einen kulturellen Fortschritt dar."

Auch einige der meist hochgelobten Nichtregierungsorganisationen, so der Papst, „arbeiten aktiv für die Verbreitung der Abtreibung und fördern manchmal in den armen Ländern die Entscheidung für die Praxis der Sterilisierung, auch bei Frauen, die sich der Bedeutung des Eingriffs nicht bewusst sind". Man habe den begründeten Verdacht, „dass gelegentlich die Entwicklungshilfe selbst an bestimmte Formen der Gesundheitspolitik geknüpft wird, die de facto die Auferlegung starker Geburtenkontrollen einschließen". Benedikt XVI. spricht von einer „Kultur des Todes", die schließlich darin gipfele, öffentlichen Druck für die Legalisierung der Euthanasie zu erzeugen. Im Kern sieht er darin den Wahn, die Herrschaft über das Leben selbst antreten zu können.

Wer aber sind die Laizisten, die Fortschrittsfreunde, die sich der Kirche in diesen Fragen entgegenstellen? Bloß eine anonyme Strömung, oder haben sie Name und

Anschrift? In Frankreich sucht man sie am besten unter den Freimaurern des „Grand Orient", die schon 1992 erklärten, man müsse sich angesichts der Debatten um Abtreibung, Sterilisierung, künstliche Befruchtung und Euthanasie von „Dogmen, Gewissheiten, Verboten und Tabus" befreien. Der Doktor Pierre Simon aber, um auf ihn zurückzukommen, war Großmeister der „Grande Loge de France", die mit dem „Grand Orient" konkurriert. Glückliches Frankreich, wo Ideen noch Kontur haben.

Kapitel VIII

Politisierungen

Fragen an die Islamkritik

Man redet über Geert Wilders. Der niederländische Rechtspopulist hatte vor seinem Erfolg bei den Kommunalwahlen mit einem islamkritischen Film auf sich aufmerksam gemacht – „Fitna" heißt der kurze Streifen, den man im Internet ansehen kann. Und Islamkritik ist überhaupt ein Thema der vergangenen Wochen; „Islamkritiker" fast schon eine Berufsbezeichnung. Es gibt ganze Portale im Netz, die sich der Islamkritik widmen – in Deutschland vor allem die „Achse des Guten" um Henryk M. Broder, und am unteren, offen demagogischen und hetzerischen Ende, die Seite „Politically Incorrect". Hier werden Muslime meist nur mit Schimpfnamen erwähnt, die wiederzugeben der Takt verbietet. Diese Tendenz hatte in den vergangenen Monaten auch durch die Volksabstimmung gegen weiteren Minarettbau in der Schweiz für Aufsehen gesorgt.

Aber handelt es sich überhaupt um eine Tendenz und nicht vielmehr um eine Überlagerung zweier sehr verschiedener Anliegen? Das eine sind die Sorgen der hiesigen Bevölkerung vor einem stellenweise ziemlich aggressiven Islam – oder auch nur angesichts von fremden, übrigens unter sich sehr unterschiedlichen Zuwanderergruppen. Man kann in diesen Sorgen eine gewisse Berechtigung sehen und doch auch an die Islamkritik von Wilders, Broder und anderen seinerseits kritische Fragen stellen.

Alles auf diesem Terrain ist vermint, und zwar politisch. Das gestehen übrigens auch die Islamkritiker zu: Necla Kelek schrieb in der „Frankfurter Allgemeinen Zeitung", der Islam betreibe gerade mit dem Moscheebau Politik. Moscheen seien „Keimzellen einer Gegengesellschaft". Und Ralph Giordano warnte vor einer „schleichenden Islamisierung" der Gesellschaft. Deshalb ist die Frage berechtigt, ob nicht die Islamkritiker ihrerseits politische Ziele vertreten. Auch deshalb muss diese Frage gestellt werden, weil von den entschlosseneren Sprechern dieser Richtung stets die historische Analogie mit dem Nationalsozialismus aufgerufen wird: Man spricht von „Islamofaschismus". Und darum sollen dann auch all jene, die zur Mäßigung im Kulturkampf raten, in die Nähe der „Appeasement"-Politik der Zwischenkriegszeit gerückt werden. Gegen ein vermeintliches „kulturelles Appeasement" der Deutschen wandte sich noch kürzlich der Deutschland-Korrespondent der „Jerusalem Post".

Hier liegt nun ein Problem der politisierten Islamkritik. Sie wird in ihrer scharfen Ausprägung mehrheitlich von Leuten vertreten, die eine konsistente, über längere Zeit deutliche und durchaus einseitige Parteinahme für Israel im Nahostkonflikt bekundet haben. Ihr Begriff des Westens, der bedroht sei, ähnelt dem von George W. Bush. Das gilt für Geert Wilders und Henryk M. Broder ebenso wie für andere prominente Islamkritiker, etwa die Historikerin Bat Ye'or. Die Frage, ob so die christliche Fremdenlegion für den nächsten Krieg rekrutiert werden soll, muss sich die Islamkritik gefallen lassen.

Aufbauhelfer, Gaspedal

Was würde man von einem Liebenden denken, der seiner Angebeteten etwa folgende Erklärung machte: „Ich liebe dich, weil die Liebe mich erfolgreich macht, weil du eine schöne, angenehme Wohnung hast, weil Nachwuchs die beste Zukunftsinvestition bedeutet, weil Liebe seit kurzem wieder modern und übrigens meine Wertegrundlage ist, die mir, siehe oben, zum Erfolg verhilft . . .“?

Wer etwas begründen will, muss aufpassen, dass seine Rede nicht so rettungslos ihr Ziel verfehlt: Es gibt Dinge im Leben, die sich nicht durch ihren Nutzen ausweisen müssen, und wer dennoch auf diese Weise versucht, ihrer habhaft zu werden, steht am Ende mit leeren Händen da. Auf den Glauben bezogen, will das sagen: Das funktionalistische Argument – Religion, genauer Christentum, sei für diese oder jene gesellschaftliche Entwicklung von Vorteil – stellt eine für den Soziologen sehr vernünftige Außenperspektive dar, die aber niemals das innere, individuelle Bekenntnis rechtfertigen kann. Auch könnte ja eine womöglich kritische Sicht der sozialen Funktion von Religion den je eigenen Glauben nicht aushebeln.

„Credo", ich glaube, heißt ein Buch des Publizisten Wolfram Weimer. Aber gerade diesen Titel löst die Streitschrift nicht ein. Denn schon beim Begriff des Glaubens stutzt man hier. Er ist von einer kaum zu unterbietenden Trivialität: „Bei den meisten Dingen des Alltagslebens, vom Auto über die Mikrowelle bis zum Handy, sind wir darauf angewiesen, dem Wissen anderer zu vertrauen und zu glauben." Und deshalb „erzwinge" gerade die durchrationalisierte Moderne „ein ständig wachsendes Maß an Glauben". Weimer muss man die Formulierung des elektronischen Gottesbeweises zugestehen: „Was sind letztlich die Eigenschaften von Elektronen? Am Ende schlägt die rationale Extremerkenntnis in vorreligiöse Erwartung um."

Das „politische Argument" für die Religion lautet, dass der Glaube die Menschen erfolgsbereiter mache: „Insofern würde den europäischen Gesellschaften ein bisschen mehr Religion im Sinne des Gaspedals gar nicht schaden"; Religion könne dergestalt zu einem „Aufbauhelfer des vereinten Europas werden." Die Gegenwartsgesellschaft sieht Weimer als „postmoderne Wohlstandsgesellschaft". Und diese sei im globalen Kulturkonflikt – mit dem Islam, versteht sich – wehrlos. So beantwortet sich die Frage, die der Untertitel von „Credo" stellt: „Warum die Rückkehr der Religion gut ist": Gut ist sie, weil sie die Menschen in einen Mobilisierungszustand versetzt.

Weimer beruft sich am Ende auf den Romancier Mario Vargas Llosa: „Nur eine Minorität ist in der Lage, Religion durch Kultur zu ersetzen. Die große Mehrheit der Menschen braucht Transzendenz, den Glauben an eine andere Welt." Besser hätte es auch Voltaire nicht sagen können. Braucht eine Religion, die funktionalistische Freunde hat, überhaupt noch Feinde?

Palin und Pfingsten

Die Pfingstkirchen sind heute die weltweit stärkste christliche Gruppe nach den Katholiken, sie haben die Orthodoxie überrundet, und ihr Wachstum hat bislang keinen Dämpfer erlitten. Vor allem in Lateinamerika, in Afrika und in Asien sind sie zu einem bedeutenden Faktor des religiösen Lebens geworden. Ihr Ursprung liegt jedoch im nordamerikanischen Protestantismus um 1900.

Der wichtigste Inhalt ihrer Lehre ist, wie der Name sagt, das Pfingstereignis der Ausgießung des Heiligen Geistes; nach den Worten der Apostelgeschichte: „Und es erschienen ihnen Zungen wie von Feuer, die sich verteilten; auf jeden von ihnen ließen sie sich nieder. Alle wurden mit dem Heiligen Geist erfüllt und begannen, in fremden Sprachen zu reden, wie es der Geist ihnen eingab." Das „Zungenreden" gilt den Pfingstlern als vorbildlich auch für das heutige Gemeindeleben. Heilungen sind ein wichtiges Anliegen, Wunder im persönlichen Leben werden erbetet und erwartet.

Die Gottesdienste der Pfingstkirchen scheinen für das europäische Auge einem großen Unterhaltungsprogramm nachempfunden zu sein. Man klatscht rhythmisch mit, die Predigt wechselt zwischen ekstatischen Gebeten und der Rede über alltägliche Sorgen, sie kennt das Gewürz des Humors; in die Ansprache ruft die Gemeinde ihr „Amen" spontan hinein. Musikalisch sind diese Gottesdienste am Pop orientiert, in jüngster Zeit auch am Rock. Der egalitäre, von Traditionen abgelöste und jedermann fassliche Ablauf mag die Anziehungskraft dieser Kirchen begründen – niemandem wird hier etwas zugemutet, was er nicht sogleich versteht. In den Pfingstkirchen hat der massendemokratische Mensch die ihm gemäße Form des Kultus gefunden. Und deshalb handelt es sich nicht um ein kurzfristiges Phänomen.

Die „Assemblies of God" sind in dieser Glaubenswelt die einflussreichste Gruppierung. Ihr gehörte bis vor wenigen Jahren auch Sarah Palin an, die Kandidatin der Republikaner für das Amt der Vizepräsidentin bei der letzten Wahl. Man kann eine Rede von ihr im Internet sehen, die sie im Juni 2008, noch vor ihrer Nominierung, vor den „Assemblies of God" im heimatlichen Wasilla hielt, wo sie Bürgermeisterin war.

Immer wieder staunt man über die Frömmigkeit, die das amerikanische Leben durchdringt. Und doch bleibt das Empfinden, dass ein Gebet etwa für die Gaspipeline, die von Alaska durch Kanada in die Vereinigten Staaten führen soll, etwas Ungehöriges ist, eine Vermischung der Sphären. Sarah Palin sieht in dem Industrieplan indes den Willen Gottes. Dass ein Volk für die Unversehrtheit seiner Soldaten im Krieg betet, ist selbstverständlich – den Irak-Krieg jedoch ebenfalls als Gottes eigenen Feldzug auszurufen, wie es Sarah Palin tut, grenzt ans Widrige.

Die unproblematische Verbindung einer spiritualistischen Theologie mit allernächsten diesseitigen Zielen ist aber wohl das Erfolgsgeheimnis der Pfingstkirchen.

Konfuzius betet nicht

Was ist eigentlich eine Zivilreligion? Von dieser geistigen Bildung war in den Wochen nach der Aufhebung der Exkommunikation der Bischöfe der Piusbruderschaft wieder die Rede. Als Angela Merkel den Papst kritisierte, wurde sie von Kurt Kister mit dem Argument verteidigt, die Kanzlerin habe zu ihrer Intervention alles Recht gehabt, denn der Papst habe „gegen die Religion" verstoßen, „nämlich gegen die Zivilreligion, die in diesem Land gilt". Zur deutschen Zivilreligion gehöre das „an christliche Werte angelehnte Menschenbild des Grundgesetzes". Die Zivilreligion solle „als konsensuales Glaubensbekenntnis der Bürger zu ihrem Staat nicht nur religiöse Konflikte verhindern, sondern den Gesellschaftsvertrag, die Toleranz und die Herrschaft der Gesetze sichern". Hinter jede dieser Bestimmungen kann man ein Fragezeichen setzen. Ein Glaubensbekenntnis – zu einem Staatswesen? Und im Konsens erreicht? Der Abweichende, sei er nun Sozialist oder Rechtskonservativer, wäre dann ganz schnell ein Frevler.

Eine Zivilreligion ähnelt der Kunstbildung des Verfassungspatriotismus, in dem nicht mehr die Vielfalt von Landschaft, Überlieferung und Sitten ein Gefühl der Zugehörigkeit stiften sollen, sondern eine rechtlich gefasste Ordnungsvorstellung. Hat es überhaupt jemals eine Zivilreligion gegeben? Meist führt man die Idee auf die Epoche der Aufklärung zurück, vor allem auf Jean-Jacques Rousseau.

Das wirkliche Musterbeispiel aber führt uns nicht in die Aufklärung, sondern viel weiter. Denn eine reine, unverfälschte, ideale Zivilreligion ist der Konfuzianismus, der in China heute wieder in höchstem Ansehen steht. In der Lehre des Konfuzius geht es um die Bedingungen guter Regierung, um die Sitten und Regeln, deren Beachtung durch den Einzelnen es für ein wohlgeordnetes Land bedarf; um das öffentliche Leben, in dem empfindliche Grenzen zu respektieren sind. Konfuzius lehrte vor allem den genauen Sinn für das Schickliche, das einem jeden, seinem Stand gemäß, zukommt.

Man hat in den Gesprächen des Meisters eine vollständige Lehre der Achtung, die man anderen schuldet, zunächst dem Vater und den Eltern. Nur dadurch kann sich die Ordnung erhalten. Strenge mit Geschmeidigkeit zu verbinden ist das höchste Ideal; seine Verwirklichung findet es im Beamten. Auch hier gibt es eine Perfektibilität des Menschen, der das hohe Ziel erreichen oder ihm jedenfalls näher kommen kann.

Aber der Gott der Zivilreligion ist ferngerückt, so fern, dass zu ihm niemand mehr beten kann. Wer von ihm spricht, meint in Wahrheit nie das eigene Bekenntnis, immer nur die anderen, denen „Werte" vermittelt werden müssen. Der Meister, heißt es einmal von Konfuzius, war schwer krank. „Sein Schüler Zi-lu wollte für ihn beten. Konfuzius fragte: ‚Soll man das denn tun?' Zi-lu bejahte die Frage und meinte: ‚Im Bittgebet heißt es: Für dich wenden wir uns an die Geister des Himmels und der Erde.' Der Meister sagte daraufhin: ‚Es ist schon lange her, dass ich gebetet habe.'"

Ausfahrt der bösen Geister:
Buback und das Gebet der Verena Becker

Hoffen wir auf einen Dostojewski der Bundesrepublik. Denn nur einem Schriftsteller, der im terroristischen Verbrechen und seinen Folgen mehr als eine psychologische, soziologische oder mentalitätsgeschichtliche Angelegenheit sieht, wäre es gegeben, die Wendung im Mordfall Siegfried Buback zu deuten.

Verena Becker, der Frau, die für den Mord an Buback am 7. April 1977 als Täterin in Frage zu kommen scheint, wird in absehbarer Zeit der Prozess gemacht werden. Nach Presseberichten waren dafür auch Notizen von Belang, in denen sich Verena Becker fragte, ob sie für Buback beten und wie sie sich mit dem Thema Schuld auseinandersetzen solle. Aber nicht kriminaltechnische oder juristische Fragen sollen uns hier interessieren. Sondern ein Signal – zugegeben: ein schwaches -, das Signal des Gebets.

Es ist, so viel muss man Verena Becker zugestehen, eine angemessene Frage, die ihre Notizen stellen, ja fast die einzige jenseits der gerichtlichen Klärung. Und sofort erhält man, von völlig unverhoffter Seite, einen Wink zum Wesen des Gebets. Wie schief und lächerlich wäre es doch gewesen, hätte sie etwa angegeben, für Buback meditieren zu wollen. Gebet bedeutet: Eintritt in eine Sphäre des größeren, unausweichlichen Ernstes.

Hier ist der Moment, wo Dostojewski der Sache näherkommt; fast hätte er – und nur er – diese Wendung erfinden können. Auch der russische Schriftsteller war Zeuge von terroristischen Taten einer kleinen Gruppe. Sie gingen von einem gewissen Netschajew aus, einem Vertrauten des Anarchisten Michail Bakunin. Geplant waren Mordaktionen gegen Vertreter des zaristischen Regimes; am Ende war das einzige Opfer ein junger „Verräter" aus der eigenen Gruppe.

Der Roman, den Dostojewski schrieb, hieß in der deutschen Übersetzung lange Zeit „Die Dämonen". Er schildert eine nihilistische Gruppe, die sich der Gewalt verschrieben hat. Vor allem aber ihr Umfeld: den wohlmeinenden, untätigen, phlegmatischen Liberalismus jener Älteren, die nichts bemerken oder bemerken wollen. Das Zögern der Lauen, die „an sich" mit den Zielen der Nihilisten Sympathie empfinden, denen es aber zu schnell geht. In der neuen Übersetzung von Swetlana Geier heißt der Roman „Böse Geister". Damit ist der theologische Glutkern angesprochen.

Dostojewski hatte seinem Roman eine Passage aus dem Evangelium des Lukas vorangestellt: „Da fuhren die Teufel aus von dem Menschen, und fuhren in die Säue; und die Herde stürzte sich von einem Abhang in den See und ersoff." Man muss an diese Stelle denken, wenn man liest, welchen – positiv gemeinten – Titel der Anarchist Fritz Brupbacher seiner Bakunin-Biographie gab: „Der Satan der Revolte". Vermutlich ist die Selbstermächtigung einer Gruppe, über Leben und Tod anderer frei zu entscheiden, ohne eine wie auch immer verschwiegene Berufung auf Satan, den ersten aller Autonomisten, nicht denkbar. Als „ewigen Rebellen, ersten Freidenker und Weltenbefreier" feierte Bakunin den Satan in seinem Werk „Gott und der Staat".

Aber hier ist auch der Moment, an dem der aufgeklärten Öffentlichkeit der Bundesrepublik die Analyseinstrumente ausgehen. Jan Philipp Reemtsma, einer der hervorragendsten Vertreter dieser Öffentlichkeit, hatte schon vor einigen Jahren die „Dämonen" mit dem Blick auf den deutschen Terrorismus neu gelesen. Aber so scharfsinnig und in vielem treffend er die Parallele entwickelte, so sehr blendete er die Dimension aus, die sich jetzt zögernd in den Aufzeichnungen von Verena Becker anzudeuten scheint.

Reemtsma sprach als Sozialwissenschaftler, er konnte nicht anders sprechen. Was er sah, war der schon von Dostojewski beschriebene Wunsch nach Gruppenbildung und Abgrenzung: „Die Gruppe selbst aber muss an sich glauben und aus diesem Glauben Kohärenz gewinnen." Die Untat, so das gruppendynamische Fazit von Reemtsma, schweiße die Verschworenen nur enger zusammen. Dostojewski, so schrieb er damals, „verweigert sich konsequent allen Versuchen, die Existenz und die Aktivitäten von terroristischen Gruppen aus irgendwelchen politischen Absichten heraus zu erkennen. Vielmehr deutet er die terroristische Gewalt als Lebensform einer Gruppe." Dies muss das letzte Wort der Aufklärung sein.

Bei Lukas, den Dostojewski zitiert, endet die Geschichte anders. Sie „fanden den Menschen, von dem die Teufel ausgefahren waren, sitzend zu den Füßen Jesu, bekleidet und vernünftig, und sie erschraken".

Kapitel IX

Im Feuer der Heiligen

Hände und Heilige

Der Katechismus der katholischen Kirche verwirft den Aberglauben mit scharfen Worten. Gegen alle Formen der Wahrsagerei ergeht das Urteil: gegen „Horoskope, Astrologie, Handlesen, Deuten von Vorzeichen und Orakeln, Hellseherei und das Befragen eines Mediums", hinter denen sich „der Wille zur Macht über die Zeit, die Geschichte und letztlich über die Menschen" verberge. „Dies widerspricht der mit liebender Ehrfurcht erfüllten Hochachtung, die wir allein Gott schulden." Das ist plausibel; es kann nicht anders sein, das Verdikt gilt.

Nun aber steht man vor Tilman Riemenschneiders wunderbarem, geschnitztem Marienaltar in der Creglinger Herrgottskirche und betrachtet die Madonna und die ersten Jünger Jesu: Petrus und seinen Bruder Andreas, Philippus und den älteren Jakobus. Man sieht ihre Hände, jede in einem anderen Bewegungsmoment. Es sind keine Arbeitshände, auch wenn die ersten Jünger Fischer waren – die harte Werktätigkeit hat an ihren Händen doch keine Spuren hinterlassen. Es scheinen Hände zu sein, die nur noch dem Ausdruck des Seelischen dienen. Lange, verfeinerte Finger, die sagen: hier ist die Gliederung wichtiger als das sinnliche Begehren des passiv-massigen Fleisches oder als die aktive Motorik des Arbeitens am widerständigen Stoff. Die einzige Materie, für die solche Hände geschaffen wurden, ist die subtilere der seelischen Regungen und ihrer Mitteilung. Nächst dem Gesicht sind die Hände ja das „sprechendste" Organ, und von diesen Händen in Creglingen glaubt man beim Betrachten zu wissen, dass sie wirklich das Paulus-Wort von Leib als Tempel wahrmachen.

Ähnlich hat es der orthodoxe Priester-Philosoph Pawel Florenskij gesehen. Von den Händen der Gottesmutter, wie sie die Gebetsikone des Heiligen Sergei im Dreifaltigkeits-Sergei-Kloster zeigt, schreibt er, sie seien „innerlich rhythmisch, durchdrungen von Musikalität und enormer Sensibilität. Die langen, schlanken Finger sind mit ihrer sich zu den Spitzen hin verjüngenden, sogenannten konischen Form, mit ihren sehr zart angedeuteten Gelenken und den völlig fehlenden Knoten und Unebenheiten, die Zeichen von innerem Stocken und Reflexion wären, ein charakteristischer Ausdruck der innerlich gefestigten, melodischen und reinen Seele der Gottesmutter."

Man steht vor einem echten Paradox. Die Kirche verbietet es, aus der Hand zu lesen – aber die Darstellung der Heiligen im Bild oder in der Plastik, und zwar auf der ganzen Welt und nicht nur in einer Konfession, kann nicht anders, als den einen Typus der Hand, nur und immer wieder ihn, als die verbindliche, angemessene Form zu zeigen. Und damit zwingt diese Kunst gerade den gläubigen Betrachter, seinerseits in den Händen, aus den Händen der Heiligen zu lesen. Gern wüsste man, ob irgendein Theologe dieses Paradox jemals aufgelöst hat.

Im Feuer der Heiligen

Viel Theologie und wenig Religion, meinte der skeptische Alte, „mucho de teología y poco de religión". Aber wo findet man dann die Religion, die er angesprochen hatte, wenn sie nicht nur intellektualisierte Theologie sein soll und doch auch nicht unvernünftig und vom Geist abgeschnitten? Es muss wohl einen Wärmestrom geben, der in der abgekühlten Reflexion standhalten kann.

Das Feuer, das man sucht, haben die Heiligen. Aber in wie vielen Farben des Spektrums brennt und leuchtet es! Männlich, streng, entschlossen, in Liebe fordernd – aber eben fordernd! – bei Josemaría Escrivá, dem Gründer des umstrittenen und vielgescholtenen Opus Dei: Da finden wir es gleich im Titel seiner Aphorismensammlung „Im Feuer der Schmiede". Aller Glaubensinhalt soll sich hier im Werk, in der härtesten Wirklichkeit bewähren.

Aber die Kirche wäre nicht universal, wenn sie nur eine einzige Tonlage beherrschte. Ganz anders klingt die Sprache der heiligen Therese von Lisieux, dem normannischen Mädchen, deren vollständiger Name „Therese vom Kinde Jesus und vom heiligen Antlitz" lautet. Diese Karmeliterin, die mit fünfundzwanzig Jahren starb, spielte nicht eine ihr wesensfremde, unangemessene Rolle, sondern sie redete ganz aus ihrer Subjektivität heraus, als die jüngste Tochter ihrer Eltern, als reizendes Mädchen und dann als junge Frau, als Französin mit der süßen Verfeinerung, die den Stolz ihrer Nation ausmacht, auch wenn sie vom Lande stammte.

Naiv ist sie, und deshalb auch kühn. Als sie sich entschlossen hat, dem Orden der Karmeliterinnen ihr Leben zu widmen, ist sie noch zu jung für die Aufnahme; da fährt sie nach Rom und bittet, vierzehnjährig, Papst Leo XIII. auf den Knien, für sie eine Ausnahme zu machen. Und das eigentliche Wunder ist wohl, dass ihr eigenes Wesen, die Haltung der „Kleinen", wie sie sich nennt, sich restlos mit dem religiösen Gedanken verbindet: Das eine ist zugleich auch ganz das andere. Sie liebt mit seelischem Überschwang, wie nur Mädchen und junge Frauen lieben können. Und nur weil sie ganz sie selbst ist, wird sie zum bis heute aktiven Vulkan spiritueller Energie. Am 2. Januar 1873 wurde diese Heilige geboren – nur fünf Tage älter war sie als Charles Péguy, der als Schriftsteller, Polemiker und Dichter den anderen, den intellektuellen Flügel des katholischen Frankreich vertritt.

Man erkennt die Schriften der Heiligen an ihrem besonderen Feuer, an ihrer Intensität, an der kaum noch erträglichen Verdichtung des menschlichen Wesens. Eine normale, entspannte Lektüre verbietet sich – plötzlich steht man vor einem Text, der einmal das abgebrauchte Wort von Franz Kafka wahrmacht: „Ein Buch muss die Axt sein für das gefrorene Meer in uns." Wenn doch nur die Literaten, die Kafkas Wort so gerne beschwören, einmal bemerkten, dass sie nur im richtigen Axt-Regal zugreifen müssten.

Messias, Elija und Propheten

Zum Täufer Johannes kommt eine Abordnung aus Jerusalem. Dort nämlich ist man beunruhigt über das unkontrollierte Treiben in der Wüste und will Genaueres erfahren: „Wer bist du?", fragt man ihn. Und Johannes antwortet: „Ich bin nicht der Messias", also nicht Christus, nicht der Gesalbte. „Sie fragten ihn: Was denn? Bist du Elija? Er sagte: Ich bin es nicht. Bist du der Prophet? Er antwortete: nein."

Die Fragen folgen einer gestuften Reihe: Messias, Elija, Prophet. Elija wird eigens genannt; was er tat und was er fortdauernd bedeutete, geht in der Rolle des Propheten nicht ganz auf und ist nur mit seinem Eigennamen zu bezeichnen. Er ist ein Besonderer, unter keinen Oberbegriff zu bringen. Die Propheten waren Männer des Wortes und manchmal der Zeichen, und zwar ausschließlich, und sie tauften nicht wie Johannes. Elija aber ist ein echter Vorläufer, eine erste Ahnung des Größeren. Gäbe es im antiken Judentum überhaupt die zum Dogma ausformulierte Kategorie des Heiligen – eines Menschen, durch dessen bloße Präsenz schon das Wunder geschieht – Elija wäre ein Heiliger.

Denn er tut Wunder. Er erweckt einen Toten wieder zum Leben, er vermehrt Speisen, und er stirbt nicht auf Erden, sondern wird vor den Augen seines Prophetenschülers Elisha im Sturmwind auf feurigem Wagen in den Himmel entrückt. Auch er ist nicht der Messias selbst, aber seine genaueste Andeutung, und im Judentum wurde er zu einer Figur der Legende, deren Wiederkehr man vor der Ankunft des Messias erwartete. Deshalb die Fragen der Priester an Johannes den Täufer.

Aber ich gebe zu: Ich erzähle die Geschichte des Elija eigentlich, um einen Vorwand zu haben, eine schöne Stelle des Alten Testaments anzuführen. Für jeden gibt es Passagen der Bibel, die ihm die nächsten sind; für den einen ist es der Hymnus des Paulus an die Liebe, für andere das rührende Wort aus dem Buch Ruth: Wo du hingehst, da will auch ich hingehen. Für mich ist es die Szene der Erscheinung des Herrn vor Elija auf dem Berg Horeb. Das ist ein Ort, der ihn mit der Vergangenheit verbindet, mit Moses, der dort Wasser aus dem Felsen schlug.

„Ein gewaltiger, heftiger Sturm, der Berge zersprengt und Felsen spaltet, ging vor dem Herrn her; aber der Herr war nicht im Sturm. Nach dem Sturm kam ein Erdbeben; aber der Herr war nicht im Erdbeben. Nach dem Erdbeben kam Feuer; aber der Herr war nicht im Feuer. Nach dem Feuer kam ein leises, sanftes Säuseln." Luther hat hier ein „stilles, sanftes Sausen"; in jedem Fall muss man an einen kühlen Luftzug denken, an etwas Erfrischendes, das die Drohungen korrigiert. Das, was geschieht, hat mit Atem und Hauch zu tun, mit jenen Kräften Gottes, die nicht auf Strafe und Vernichtung gehen, sondern auf Belebung.

Wort und Liebe: Paulus

Manche bemerkten bei ihm zuerst die Gabe der Rede. Als Paulus nach Lystra kam und einen Gelähmten heilte, hielten die griechischen Bewohner ihn für den Götterboten Hermes, „weil er der Wortführer war". Die paulinische Rede ist gewiss kunstvoll und anspielungsreich. Man entdeckt Hinweise des Paulus auf sich selbst, wenn er, der von Beruf Zeltmacher war, den Schutz der Gemeinde just mit einem Zelt vergleicht. Aber natürlich wollte er nicht mit den antiken Rhetoren und ihren Überredungsstrategien wetteifern. Er scheint sich aus seiner Begabung auch nicht sonderlich viel gemacht zu haben.

Und manche der Gegner, die Paulus im frühen Christentum hatte, bezweifelten selbst die Wirkung seiner Rede. An die Korinther schrieb der Apostel über dieses Gerücht: „Ja, die Briefe, wird gesagt, die sind wuchtig und voll Kraft, aber sein persönliches Auftreten ist matt, und seine Worte sind armselig."

Es muss etwas anderes als konventionelle Rhetorik gewesen sein, was Paulus und seine Rede auszeichnete. Vom Äußeren her kommt man der Sache näher. Eine Besonderheit der paulinischen Briefe ist es, dass sie konkrete

Adressaten haben. Er schreibt an bestimmte Gemeinden, die römische, die in Thessalonike, in Korinth und anderen Städten, zudem an einzelne Gemeindevorsteher. Anders als die sogenannten „katholischen Briefe", die sich an die junge Christenheit allgemein und schlechthin wenden, widmet sich Paulus bestimmten Situationen, lokalen Bedingungen, spezifischen Momenten, einzelnen Menschen. Und er schreibt die Briefe als dieser Einzelne, mit unerhörtem persönlichen Einsatz, mit dem Eingeständnis der Schwäche und dem Bekenntnis zur Torheit.

Und nun erst versteht man, warum gerade aus der Feder des Paulus jene Sätze fließen konnten, die wie kaum etwas anderes den Kern der christlichen Botschaft über die Jahrtausende weitertragen: „Wenn ich in den Sprachen der Menschen und Engel redete, hätte aber die Liebe nicht, wäre ich dröhnendes Erz oder eine lärmende Pauke. Und wenn ich prophetisch reden könnte und alle Geheimnisse wüsste und alle Erkenntnis hätte; wenn ich alle Glaubenskraft besäße und damit Berge versetzen könnte, hätte aber die Liebe nicht, wäre ich nichts." Das ist es, in heutigen Worten: die einzigartige Beziehungsintensität, die Paulus in jedem Moment seines Wirkens vermittelte, gab seiner Rede die Kraft.

Der Papst hat zum vermutbaren 2000. Geburtstag des Völkerapostels ein „Paulus-Jahr" ausgerufen. Gelegenheit also, sich die Rolle des Mannes aus Tarsus, ohne den es das Christentum als Weltreligion nicht gäbe, erneut zu vergegenwärtigen. Völkerapostel war er, und das will sagen: nicht mehr allein innerhalb der Judenheit, sondern bei den Heiden wurde die Botschaft verbreitet. Und so ist seine Geschichte auch die der Trennung von Kirche und Synagoge mit allen Folgen bis heute.

Noch einmal Paulus: Der Nahe

Man kann sich den heiligen Paulus jedenfalls nicht als einen ruhigen Menschen vorstellen. Wie seine Bekehrung die dramatischste ist, die ihn packt und schüttelt, buchstäblich hinreißt und erleuchtet – „da umstrahlte ihn plötzlich ein Licht vom Himmel", berichtet die Apostelgeschichte von dem Ritt nach Damaskus -, so ist sein Weg einer der rastlosen Reisen im Dienst der neugefundenen Aufgabe, und so ist auch der Stil seiner Briefe, in der mahnenden, bittenden, beschwörenden Anrede an die Brüder, derart eindringlich, dass er über die Schwelle der Jahrtausende wirkt. Mögen andere Jünger, Evangelisten und Apostel in den Dämmer der frommen Legende gerückt sein – Paulus tritt mit jedem Jahrhundert, das uns von ihm trennt, nur schärfer profiliert aus ihr heraus.

Von seiner äußeren Erscheinung wissen wir wenig – trotz der in Rom aufgefundenen Gebeine, die Benedikt XVI. ihm zugeordnet hat. Immerhin so viel ist bekannt, dass der Blick des Apostels von wunderbarer Intensität gewesen sein muss und in die Herzen drang. Da findet er in Lystra einen von Geburt an Gelähmten, der die Predigt hört. Paulus „schaute ihn fest an, und als er merkte, dass er den Glauben hatte, um gerettet zu werden, rief er mit lauter Stimme: Stell dich aufrecht auf deine Füße! Er sprang auf und ging umher."

Schon der frühen Kirche war eine Besonderheit dieses Mannes bewusst. Eusebius von Caesarea nennt ihn den „wortgewaltigsten und geistreichsten von allen Aposteln". Der erste Geschichtsschreiber der inneren und äußeren Kämpfe, die die junge Kirche zu bestehen hatte, bedauert, dass von ihm nur die Briefe hinterlassen sind: „Und er hätte doch unzählige Geheimnisse mitteilen können, da er ja bis in den dritten Himmel geschaut hatte und sogar bis in das göttliche Paradies entrückt worden war, wo er gewürdigt wurde, geheimnisvolle Worte zu hören."

„Vom Saulus zum Paulus" – die Redewendung ist sprichwörtlich geworden. Tatsächlich war er ja anfangs der eifernde Verfolger der Gemeinde, und bei der Steinigung des ersten Märtyrers Stephanus jedenfalls Mittäter, auch wenn er keinen Stein warf: „Saulus aber hatte seiner Ermordung zugestimmt", berichtet die Apostelgeschichte. Man kann es sich nicht anders vorstellen, als dass er damals noch glaubte, ein gottgefälliges Werk getan zu haben. Selbst danach „wütete er mit Drohung und Mord gegen die Jünger des Herrn".

Die Bekehrung wird ihm nicht durch die menschliche Überzeugungskraft anderer Apostel zuteil, sondern durch eine Stimme vom Himmel selbst: „Ich bin Jesus, den du verfolgst." Dieser Moment ist der Schlüssel zu seiner Theologie. Wenn Paulus immer wieder den Glauben hervorhebt und ihn über die bloße Erfüllung des Gesetzes stellt, dann verallgemeinert er die eigene Erfahrung. So stellt er sich zu Beginn des Briefes an die Galater vor: „Paulus, Apostel, nicht von Menschen, auch nicht durch einen Menschen, sondern durch Jesus Christus und Gott, den Vater, der ihn von den Toten erweckt hat."

Damit ist aber auch angesprochen, dass das Erbe des heiligen Paulus der Kirche nie zur Beruhigung dienen kann. Vielmehr hat er ihr eine Spannung hinterlassen, die sie immer wieder neu bearbeiten muss. Der Abstand zwischen alttestamentlichem Gesetz und christlicher Gnade, den er aufriss, die Trennung der frühchristlichen Gemeinde von der Synagoge, sein Konflikt mit dem Apostel Petrus über die Frage der Beschneidung, bei dem das eigentliche Wunder ist, dass die junge Kirche daran nicht zerbrach – all dies gehört zu seiner Hinterlassenschaft, die bis heute eher Krisen generiert, als dass sie in eine dauernde Befriedung führte. Alles Christliche wurde durch Paulus schwieriger, „dialektischer", wenn man so will.

Paulus war der Heidenapostel. Diese Aufgabe bedeutete einerseits, das Alte Testament in seiner Gesamtheit zu bewahren, andererseits aber, die judaisierenden Tendenzen, wie sie sich in der Frage der Beschneidung am handfestesten zeigten, zurückzuweisen. Man übertreibt nicht, wenn man sagt, dass die unaufhebbare Spannung in dem, was heute so gedankenlos als „jüdisch-christliche Erbschaft" postuliert wird, auf Paulus zurückgeht. „Im Hinblick auf das Evangelium sind sie" – die Juden – „allerdings Feinde Gottes um euretwillen, im Hinblick auf die Erwählung aber sind sie Lieblinge um der Väter willen", heißt es im Römerbrief. Stärker kann man den Bogen nicht spannen. Doch, noch stärker. Aus der Erfahrung der erlittenen Verfolgung – einer Steinigung entkam der Apostel mit knapper Not – schrieb er über die Juden einen Satz, der den Konflikt der Gemeinde mit der Synagoge in aller Schärfe aussprach: „Diese haben sogar den Herrn Jesus und die Propheten getötet und uns verfolgt; sie gefallen Gott nicht und sind allen Menschen feind" (1. Thessalonicher 2, 15).

Und sofort traten im frühen Christentum Versuche auf, die Spannung nach der einen oder der anderen Seite wieder abzubauen. Marcion, ein Theologe des zweiten Jahrhunderts, wollte die Verbindung zum Alten Testament ganz einfach kappen: „Sie sollen glauben, dass es einen Gott gebe, der noch größer ist als der Weltschöpfer." Marcion habe, so berichtet Eusebius, seine Anhänger dazu verführt, „den Schöpfer dieses Alls zu schmähen und zu leugnen, dass er der Vater Christi ist, dagegen einen anderen, der größer wäre, als den Weltschöpfer zu bekennen". Geradezu zwingend musste auch die andere Möglichkeit der banalisierenden Entspannung sich als Lehre einer Sekte ausformulieren: „Die Beobachtung des Gesetzes erachteten sie für durchaus notwendig, gerade als ob sie nicht allein durch den Glauben an Christus und auf Grund eines glaubensgemäßen Lebens selig würden."

Die marcionische, offen antijudaistische, und die judaisierende Tendenz der Irrlehren sind geeignet, eine liebgewordene Meinung über die Häresien zu berichtigen. Von diesen Häresien glaubt man heute so leicht, dass sie das Vielfältigere, Interessantere gegenüber dem Dogmatischen der Kirche seien. Aber es ist genau umgekehrt: Die Irrlehren entpuppen sich als eindimensionale Korrekturversuche einer im Christentum unaufhebbaren Schwierigkeit.

So musste Paulus in zwei Richtungen agieren: Zum einen galt seine Aktivität immer wieder und allerorts der Sammlung einer Kollekte für die Gemeinde in Jerusalem – sie war Teil des Einigungsabkommens mit Petrus gewesen -, und andererseits ließ er seinem Zorn gegen die Anhänger des Heils durch Gesetz und Beschneidung freien Lauf, wenn er im Galaterbrief schrieb: „Möchten sich doch die, die euch aufhetzen, gleich ganz verschneiden lassen!"

Die Rolle des Paulus im Neuen Testament ist kaum zu überschätzen. Nicht nur die Apostelgeschichte berichtet von ihm, nicht nur bilden seine Briefe schon vom Umfang her einen Hauptbestandteil der Verkündigung – auch das Evangelium des Lukas geht mittelbar auf ihn zurück, wenn wir dem Bericht des Eusebius glauben wollen, nach dem Lukas „eine genaue Darstellung dessen gab, was er gründlich und wahrheitsgemäß aus dem ständigen Verkehr mit Paulus und den übrigen Aposteln erfahren habe".

Schließlich war Paulus auch ein großer Lehrer des Gebets. Gegen das in der frühen Gemeinde hochgeschätzte Zungenreden hielt er im ersten Brief an die Korinther fest: „Ich will mit dem Geist beten, aber auch mit dem

Verstand; ich will mit dem Geist Gott lobpreisen, aber auch mit dem Verstand." Aus dem ersten Brief an die Thessalonicher stammt das ungeheure Wort „Betet ohne Unterlass!", das zum Mittelpunkt der orthodoxen Spiritualität wurde.

Petrus wurde als Wächter der Himmelspforte eine volkstümliche Figur, der man sogar im Märchen begegnen kann. Paulus würde jedes Märchen sprengen.

Betancourt in Lourdes

Öffentliche Bekenntnisse, gar Gebete von Prominenten, am Ende noch vor der Kamera, sind nicht immer erfreulich. Es muss etwas hinzukommen, um die Sache glaubwürdig zu machen, zu bewegen. Als Ingrid Betancourt im Sommer 2008 in den Marienwallfahrtsort Lourdes kam, um zu beten, glaubte man einen solchen Moment zu sehen. Die Politikerin mit den feinen Gesichtszügen war für sechs Jahre eine Gefangene der kolumbianischen Guerrillaorganisation „Farc" – mit der sie zuvor über eine Beendigung ihres bewaffneten Kampfes gegen den Staat verhandelt hatte.

Der Besuch dieser Frau in Lourdes hatte deshalb ein anderes Gewicht als das übliche Prominenten-Bekenntnis. Sie hatte wahrhaftig Grund, den Wunderort zu besuchen, denn ihre eigene Befreiung nach Jahren vergeblicher politischer Appelle hatte etwas von einem Wunder, und so tat Ingrid Betancourt nicht etwas Abergläubisches, Lebensfremdes, sondern das Angemessene. Mit Jacques Perrier, dem Bischof von Tarbes und Lourdes, betete sie an der Grotte von Massabielle das Angelusgebet.

Plötzlich erscheint uns der Ort selbst, im Vorgebirge der Pyrenäen gelegen, in einem anderen Licht. Dem aufgeklärten Bewusstsein galt er stets als der Inbegriff des Truges, bestenfalls der Selbstsuggestion. Hier hatte die damals vierzehn Jahre alte Bernadette Soubirous im Jahr 1858 mehrfach Visionen der weißgekleideten Muttergottes: „Sie hatte ein weißes Kleid, einen blauen Gürtel und eine goldene Rose in der Farbe ihres Rosenkranzes auf jedem Fuß. Als ich das sah, rieb ich mir die Augen, weil ich dachte, mich zu täuschen." Eine Quelle tat sich auf, deren Wasser als heilkräftig gilt.

An Zweiflern hat es dem Wallfahrtsort nie gemangelt. Kurt Tucholsky sprach in den zwanziger Jahren von einem „Rummelplatz des buntesten Aberglaubens", er glaubte, in Lourdes einen „bösen Jahrmarkt" zu sehen. Aber ihm war die Kirche ja sowieso nicht mehr als ein „Warenhaus der Metaphysik".

Dass solche religiös herausgehobenen Orte übrigens fast regelmäßig ausnehmend bunt sind und dem Gebildeten ein Greuel, scheint zur Sache zu gehören: Es gibt kein besseres Kriterium, um die echte Teilnahme des Volkes zu erkennen, das eben auch hier seinen Geschmack durchsetzt. Ich erinnere mich der Grabstätte eines Derwisch-Heiligen in Ankara, die mit den grellsten neonfarbenen Plastikteppichen so massiv ausgehängt war, dass man kaum noch glauben konnte, die Stätte eines der bilderfeindlichsten Bekenntnisse zu betreten.

In Lourdes – wo der Papst 2008 den Gottesdienst feierte – beging man den hundertfünfzigsten Jahrestag der Visionen. Bernadette, das Mädchen, wurde nicht alt, sie starb 1879 als Ordensschwester. Angeblich beherrschte sie die französische Hochsprache nicht und teilte die Erscheinungen, die ihr zuteil geworden waren, im bäuerlichen, schon fast spanisch klingenden Dialekt mit. 1933 wurde sie heiliggesprochen.

Luther und das Gemüt

Im Evangelium des Markus, dem schmucklosesten der vier, das sich ganz auf den Kern, auf das wunderbare Erscheinen des Messias konzentriert, findet man eine Szene, die alles noch einmal verdichtet. Ein Schriftgelehrter tritt zu Christus und fragt ihn, welches das vornehmste, das erste Gebot von allen sei. Vielleicht fragt er so, weil er schon zu jenen gehört, die Jesus aushorchen und der Irrlehre überführen wollen; vielleicht sollte es eine Fangfrage sein.

Jesus aber nimmt ihm sozusagen den Wind aus den Segeln, indem er mit dem Grundgebot des Alten Testaments antwortet, dem „Schma Israel". Er sagt also: „Das vornehmste Gebot von allen Geboten ist das: ‚Höre, Israel, der Herr unser Gott ist ein einiger Gott! Und du sollst Gott deinen Herrn lieben von ganzem Herzen, von ganzer Seele, von ganzem Gemüte und von allen deinen Kräften.'"

Der Schriftgelehrte, was immer seine Absicht anfangs gewesen sein mag, kann nicht anders, als die Antwort zu billigen, er wiederholt sie seinerseits, und Christus, der sieht, dass der Mann „vernünftiglich" gesprochen hat, entlässt ihn mit den Worten: „Du bist nicht ferne von dem Reich Gottes."

Ich habe mich an die Übersetzung Luthers gehalten, und gerade weil man hier über manches stolpern kann, ist sie wertvoll. Aber zunächst fällt ein kleiner Unterschied zum Vorbild ins Auge: Die alttestamentliche Stelle im Deuteronomium, dem 5. Buch Moses 6, 4, spricht von Herz, Seele und Kraft – nicht aber vom „Gemüt". Ist überhaupt das Gemüt gemeint? Man kennt das Wort doch nur noch in Zusammensetzungen wie „Gemütsmensch" und, schlimmer noch, in „gemütlich" im Sinne des Anstrengungslosen, Bequemen. Sollte Luther in diese Richtung gedacht haben?

Der griechische Text spricht von „dianoia", Vernunft, gemeint ist der Inbegriff der geistigen Fähigkeiten. Die lateinische Übersetzung setzt „mens", Verstand. In jedem Fall geht es um eine gedankliche Tätigkeit, nicht um einen bloßen Affekt oder etwas Emotionales. Eine andere Übersetzung sagt schließlich „Gesinnung", aber das sollte man gleich wieder vergessen, auch wenn es ein Nebensinn ist, denn damit wäre der Prozess der Vernunft stillgestellt. Ohne Logik geht es also nicht, und Dogmatik gehört dazu. Das Wort wird kaum noch verstanden, nur noch als verbohrte Engstirnigkeit, nicht mehr als geistige Anstrengung um die Lehre.

Liebe, die vom Herzen über Seele und Vernunft in die Kräfte und damit in die Handlungen fließt, von Innen nach Außen: Ich denke mir den Menschen, der dieses Gebot erfüllt, als strahlend. Und wo nichts anderes als diese Liebe lebensbestimmend wird, stehen die Heiligen. Luther aber muss man in diesem Falle freisprechen: „Gemüt" war zu seiner Zeit die gängige Übersetzung von „mens", Verstand. Viel später erst kam man an die Gabelung, wo Affekt und Erkenntnis sich sprachlich trennten.

Charles de Foucauld: Der Selige

Es ist der Blick, der noch heute eindringt: ein Blick von unerhörter Intensität und einer Sammlung, die im westlichen Kulturkreis selten geworden sind. Sicher, man trifft auf ähnliches bei indischen Heiligen, vor allem bei dem von dem deutschen Indologen Heinrich Zimmer porträtierten Ramana Maharshi. Aber auch hier sieht man im Blick bald den Unterschied: Der indische Heilige ruht in einer seligen Gewissheit, ja Präsenz des Göttlichen, die das Kreuz nicht kennt; sein Blick strahlt etwas schwer definierbar Höheres, Erlöstes aus, dem jedoch die spezifisch christliche Spannung fremd ist. Dagegen möchte man von den Augen des Charles de Foucauld sagen, dass sie ihre Strahlkraft nur in einem christlichen Zusammenhang gewinnen konnten, in einer geistigen Welt, die Kreuz und Leid dramatisch steigerte.

Man hat Charles de Foucauld in Rom seliggesprochen. Und damit hat man sich entschieden, einen Menschen in den Kreis der Fürsprecher aufzunehmen, in dem das Heil unmittelbarer sichtbar geworden ist als in anderen. Denn darum geht es hier: nicht primär um theologische Doktrinen, sondern um die Anschauung, die physische Gegen-

wart. Nach einer kaum mehr überschaubaren Flut von Selig- und Heiligsprechungen unter dem letzten Papst, bei denen nur, als volkstümlicher Heiliger der Italiener, der stigmatisierte Padre Pio in Erinnerung blieb, empfindet man dieses Mal eine klarere Evidenz. Es kommt hinzu, dass Charles de Foucauld das Martyrium erlitt, als er am 1. Dezember 1916 während eines Kampfes zwischen aufständischen Tuareg, die ihn gefangengenommen hatten, und der Armee in Algerien erschossen wurde.

Foucauld war den schwereren Weg gegangen. Der 1858 geborene Adlige aus einer Familie, deren Motto lautete „Niemals zurück!" (Jamais arrière), beschritt zunächst die Offizierslaufbahn und kam erstmals 1880 mit dem Heer nach Algerien. Nach manchen Verwicklungen – er war damals alles andere als ein Heiliger – fasste er eine Liebe zu seinem Gastland, er erlernte die Landessprache und studierte den Koran. In den achtziger Jahren widmete er sich vor allem der geographischen Erforschung der Wüste, die er kartographierte. Und es war gerade die Erfahrung islamischer Frömmigkeit, die ihn zur Kirche zurückführte. In ihr aber suchte er erneut den schwersten Weg, ja den Weg nach unten. Er schloss sich den Trappisten an, verließ sie aber, als er feststellte, dass der Orden seinem

Ideal christlicher Askese nicht entsprach. In Nazareth verrichtete er im Kloster der Franziskanerinnen Knechtsarbeiten. 1901 wurde er zum Priester geweiht. Dann zog es ihn wieder nach Nordafrika. Er lebte als Einsiedler im Hoggar-Gebirge unter den Tuareg und sammelte wie ein Ethnologe ihre Sprichwörter und Dichtungen, auch ein Lexikon der Tuareg-Sprache Tamahag verfasste er.

Die ersten christlichen Einsiedler waren in die Wüste gegangen, Charles de Foucauld wiederholte ihren Weg. 1904 hatte er von seinem Wunsch geschrieben, „in der Sahara das verborgene Leben Jesu von Nazareth weiterzuleben, nicht um zu predigen, sondern um wie Jesus in Einsamkeit, Armut und einfacher Arbeit zu leben". Bei der Seligsprechung waren auch Vertreter der Tuareg anwesend.

Großfürstin Elisabeth: Putins Heilige

Wladimir Putins Rede im Bundestag am 25. September 2001 erinnerte die Deutschen nicht nur an eine berühmte Herrscherin, Katharina die Große, sondern auch an eine 1992 von der orthodoxen Kirche heiliggesprochene Märtyrerin, die in ihrem Heimatland fast unbekannt ist. Elisabeth, Tochter des Großherzogs von Darmstadt, geboren 1864, war die Schwester von Victoria Alix, die Nikolaus II. heiratete und zur Zarin Alexandra Fedorowna wurde. Auch Elisabeth heiratete in die Romanow-Dynastie ein. Ihr Mann, Großfürst Sergej, war der Onkel des Zaren, Generalgouverneur von Moskau und Kommandeur des Moskauer Militärbezirks. Im Revolutionsjahr 1905 wurde er von einer Bombe getroffen. Elisabeth besuchte den Attentäter Kaliajew im Gefängnis. Wenn er ein Gnadengesuch an den Zaren richte, so versprach sie ihm, werde sie sich persönlich für die Aufhebung des Todesurteils einsetzen. Kaliajew lehnte ab: Sein Tod werde die revolutionären Sache erst recht voranbringen.

Nach dem Tod ihres Mannes gründete und leitete Elisabeth das Martha-Marienkloster der Barmherzigen Schwestern in Moskau. Sie pflegte, worauf Putin hinwies, deutsche und russische Kriegsverletzte. Im Sommer 1915 mehrten sich die Angriffe gegen die Zarin wegen ihrer deutschen Herkunft. Geschäfte, Fabriken und Privatwohnungen von Menschen mit deutschen Namen wurden gestürmt und niedergebrannt. Als der Mob auf den Roten Platz kam und die Internierung der Zarin als „feindliche Ausländerin" verlangte, zog man vor die Tore des Martha-Marienklosters, wo sich Elisabeth der erregten Menge stellte. Man beschuldigte sie, deutsche Spione im Kloster zu beherbergen. Ruhig lud sie eine Abordnung ein, das Kloster zu durchsuchen. Ein Stein aus der Menge landete vor ihren Füßen. Die Parole „Fort mit der Deutschen!" ertönte, dann schritten Soldaten ein.

Im Juni 1918 entschied die Sowjetführung, die Zarenfamilie und ihr Kindermädchen zu ermorden. Die „weißen" Gegenrevolutionäre sollten aller potentiellen Repräsentanten beraubt werden. Jacob Jurowski führte das Tscheka-Kommando im Keller eines Hauses in Jekaterinburg – der Stadt, die nach Swerdlow, dem Unterzeichner des Mordbefehls, in „Swerdlowsk" umbenannt wurde. Trotzki hat später den Beschluß rechtfertigen wollen: „Die Härte dieses Schnellverfahrens zeigte der Welt, dass wir unseren Kampf ohne Gnade fortsetzen und vor nichts zurückschrecken würden. Die Hinrichtung der Zarenfamilie war notwendig: Nicht nur um den Feind in Schrecken zu versetzen und ihn zu entmutigen, sondern auch um unsere eigenen Reihen aufzurütteln. So zeigte man ihnen, dass es kein Zurück gab, sondern nur totalen Sieg oder den völligen Ruin. Lenin empfand das sehr deutlich."

Im Juli trieb man Elisabeth und andere noch lebende Mitglieder der Familie Romanow zusammen. Versuche des deutschen Kaisers, Elisabeth zu retten, blieben vergeblich. Die Gruppe wurde in einen alten Bergwerksstollen gebracht. Dann warf man Handgranaten hinein. Nicht alle starben gleich; ein Bauer, der Stunden später vorbeikam, gab an, er habe geistliche Lieder aus dem versperrten Stollen gehört. Als die Weißgardisten das Gebiet für kurze Zeit zurückeroberten, fanden sie den Kopf eines Knaben mit dem Taschentuch der Großfürstin Elisabeth verbunden.

Dank

Volker Zastrow hat diese Lesestücke möglich gemacht, als er mir im Herbst 2008 in der „Frankfurter Allgemeinen Sonntagszeitung" einen Platz zur regelmäßigen Publikation eröffnete. Meiner Kollegin Christiane Hoffmann, die die „Exerzitien" redaktionell betreute, und meinen Kollegen Patrick Bahners und Gerhard Stadelmaier, die mir immer wieder Ratschläge gaben, sei an dieser Stelle gedankt. Helmut Rückriegel hat mit freundschaftlicher Kritik meine Bemühungen von Anfang an begleitet.